신약의 숨은 단어들

신약의 숨은 단어들

지은이 | 김영인
초판 발행 | 2026. 04. 15.
등록번호 | 제1988-000080호
등록된 곳 | 서울특별시 용산구 서빙고로65길 38 두란노빌딩
발행처 | 사단법인 두란노서원
영업부 | 02)2078-3333   FAX | 080-749-3705
출판부 | 02)2078-3331

책값은 뒤표지에 있습니다.
ISBN 978-89-531-5286-1 03230

독자의 의견을 기다립니다.
tpress@duranno.com   www.duranno.com

두란노서원은 바울 사도가 3차 전도여행 때 에베소에서 성령 받은 제자들을 따로 세워 하나님의 말씀으로 양육하던 장소입니다. 사도행전 19장 8-20절의 정신에 따라 첫째 목회자를 돕는 사역과 평신도를 훈련시키는 사역, 둘째 세계선교(TIM)와 문서선교(단행본·잡지) 사역, 셋째 예수문화 및 경배와 찬양 사역, 그리고 가정·상담 사역 등을 감당하고 있습니다. 1980년 12월 22일에 창립된 두란노서원은 주님 오실 때까지 이 사역들을 계속할 것입니다.

신약의
숨은 단어들

원어로
새롭게 만난

인물 이야기

김영인

두란노

목차

추천사 ♦ 6
서문 ♦ 10

1부 만남 κοινωνία

1 소망의 별을 따라 온 동방박사 ♦ 16
ἀστέρα

2 침묵 끝에 좋은 소식을 전한 사가랴 ♦ 25
εὐαγγέλιον

3 순교의 첫 열매가 된 야고보 ♦ 33
μάρτυς

4 정결함을 얻은 거라사의 광인 ♦ 41
κάθαρσις

5 봉사의 참 뜻을 배운 마리아와 마르다 ♦ 49
διακονία

6 긍휼히 여김 받은 바디매오 ♦ 57
ἐλέησόν

2부 생명 ζωή

7 구원의 은총을 받은 삭개오 ♦ 68
σωτηρία

8 두 렙 돈으로 전부를 얻은 과부 ♦ 77
πάντα

9 기억을 기록으로 남긴 요한 마가 ♦ 85
ἀνάμνησις

10 십자가를 대신 진 구레네 시몬 ♦ 93
σταυρός

11 하나님 나라를 맛 본 니고데모 ♦ 100
βασιλεία τοῦ θεοῦ

12 새 인생을 선물 받은 사마리아 여인 ♦ 109
δῶρον

3부 **가치** ἀξίωμα

13 죄를 용서받은 여인 ♦ 120
ἁμαρτία

14 부활의 기쁨을 먼저 알게 된 나사로 ♦ 129
ἀνάστασις

15 사랑을 드러내는 제자, 요한 ♦ 138
ἀγάπη

16 부활의 주님의 음성을 들은 막달라 마리아 ♦ 146
φωνή

17 위로의 손길이 된 바나바 ♦ 155
παράκλησις

18 선행으로 믿음을 보인 다비다 ♦ 163
ἐλεημοσύνη

4부 **동역** συνεργός

19 교회의 기둥이 된 주의 동생 야고보 ♦ 174
ἐκκλησία

20 고난 중에도 기쁨을 누린 루디아 ♦ 182
χαρά

21 협력하여 교회를 세운 브리스가와 아굴라 ♦ 191
συνεργία

22 죽음을 깨우고 일어난 소년 유두고 ♦ 200
θάνατος

23 배움으로 더 단단해진 동역자 아볼로 ♦ 208
συνεργός

24 회개의 가르침을 받은 니골라와 니골라당 ♦ 217
μετάνοια

수년 동안 찾고 있었던 책입니다. 그동안 성경 속 주요 인물들을 다룬 책은 많이 있었습니다. 그러나 이 책은 미처 조명하지 못했거나 비중이 상대적으로 작은 인물들, 그래서 더 궁금했던 신약 속 스물네 명의 이야기를 다루고 있습니다. 성경 이야기를 하나님의 관점으로, 또한 그 시대적 배경을 가지고 더 깊이 있게 이해하도록 도와줍니다. 책을 한 장 한 장 읽다 보면, 마치 그 시대와 그 현장에 가 있는 것과 같은 친밀감과 현장감을 느끼게 됩니다.

하나님은 역할의 크기와 상관없이 모두를 그분의 이야기 속으로 초대하십니다. 특히 두 렙돈을 헌금한 과부의 이야기, 루디아와 유두고의 이야기는 자칫 지나칠 수 있는 성경 속 짧은 장면을 마치 영화에서 슬로우 모션으로 보여 주는 것처럼 다가옵니다.

더 많은 구약성경 인물들의 이야기도 기다려지게 만드는 이 책은 성경을 제대로 이해하도록 돕는 귀한 필독서입니다. 책을 읽고 나니, 우리의 작은 이야기도 하나님의 이야기 한편에 자리 잡기를 소망하게 됩니다.

김승환 지앤앰글로벌문화재단 아시아 대표

애제자 김영인 박사의 《신약의 숨은 단어들》을 기쁜 마음으로 추천한다. 이 책은 신약성경에 등장하는 다양한 인물들을 소재로 삼아 그들의 주 앞에서의 삶을 간략하게 다루고 있다. 때로는 감탄하고, 때로는 미소를 머금으며 즐겁게 읽었다. 무엇보다 그의 언어 실력에 놀랐다. 성서 헬라어 문법책을 출판할 정도로 헬라어에 정통한 것은 알고 있었는데, 헬라어뿐 아니라 히브리어, 아람어, 영어와 중국어까지 잘 다룬다. 그는 이러한 해박한 지식을 바탕으로 인명, 지명, 화폐 단위 등을 해당 언어들과 비교해 설명함으로써 독자들이 쉽게 책에 빠져들게 한다.

김영인 박사는 신약성경을 다루면서 필요한 경우 문학적 장르와 어휘의 의미, 헬라어 문법을 심도 있고 적확하게 다룰 뿐만 아니라, 신약의 개론적 지식을 충실히 전달하려 했다. 그는 성서학 저서만이 아니라 동서양의 고전과 다양한 일반 서적도 제법 많이 참조한다. 그의 서술은 문학성도 뛰어난 것처럼 보인다. 그는 글 유희를 사용하여 유머 있게 표현하기도 하고, 말씀에 나타난 가르침을 현대의 사회적 상황에 알맞게 적용하기도 한다. 그는 훌륭한 신학자일 뿐 아니라 목회자이며, 언어학자이자 사회 참여자이기도 하다.

"그가 너를 부르신다."

본문에 등장하는 이 내용은 무리가 바디매오에게 전한 말이지만, 이제는 독자인 당신을 향한 말씀이기도 하다. 당신이 그 부름에 응답하여 "주님은 나의 빛입니다"라고 고백하며 빛의 자녀로 살아가는 아름다운 신앙인이 되기를 바라는 마음으로 추천사를 맺는다.

김희성 전 한국신약학회 회장, 서울신학대학교 명예교수

김영인 교수의《신약의 숨은 단어들》은 역사적 배경과 본문 분석을 통해 신약성경의 인물들을 단순한 교훈의 재료로 평면화하지 않고 살아 있는 존재로 만나게 해 준다. 책을 읽으며 독자들은 성경의 인물들을 하나님께 부름받고 흔들리며 변화되어 가는 사람들의 이야기로 경험하게 될 것이다. 나아가 이 책은 우리의 삶을 이끌어 가시는 하나님을 만나고 삶의 방향을 다시 세우는 영적 통찰의 자리로 이끈다. 성경을 역사 속 이야기로만 읽지 않고 지금도 들려오는 주님의 음성으로 듣고자 하는 모든 이에게 이 책을 기쁘게 추천한다.

송태근 삼일교회 담임목사

김영인 교수의 《신약의 숨은 단어들》은 성경에 기술되어 등장하는 비교적 외곽에 있는 인물들을 설명하며, 신약성경의 본문과 배경을 연구하고 그것을 통합적으로 적용한 소중한 열매입니다. 특히 인물들의 이름에 담긴 의미와 그들의 삶을 성경이 본래 기록된 언어인 헬라어를 통해 세밀하게 분석하고 해설함으로써, 성경을 더 잘 이해하고 친숙하게 접근할 수 있도록 도움을 줍니다.

이 책을 읽으면서 느낀 것은, 성경 속에서 새롭게 드러나는 의미의 중첩도 놀랍지만, 지금까지 수많은 연구와 논의로 이미 다 알고 있다고 생각했던 본문까지 새롭게 볼 수 있는 시각을 열어 준다는 사실입니다. 이러한 노력은 성경 본문에 새로운 생기를 불어넣어 독자를 성경의 세계에 생생하게 빠져들게 합니다. 신약성경을 그 성경이 간직한 계시의 깊이로부터 읽고자 하는 분들에게 꼭 필요한 책이라 생각합니다. 이 책을 통해 한국 교회가 성경 읽기의 새로운 부흥의 시대로 들어가기를 기대합니다.

황덕형 서울신학대학교 총장

성경을 읽는다는 것은 참으로 경이로운 일이다. 여기에 신앙이 있고 없고의 여부는 전혀 문제가 되지 않는다. 성경은 상상할 수 없을 만큼 오래된 고대의 문서임에도 불구하고, 지금까지도 끊임없이 출판되어 전 세계 수많은 사람이 오늘도 읽고 있는 놀라운 책이기 때문이다.

한번 생각해 보자! 세상 그 어떤 고대 문서가 아무리 고귀한 종교적, 철학적, 학문적 가르침을 담고 있다 할지라도, 전 세계 수많은 언어로 번역되어 지금 이 순간에도 도서관의 서가가 아닌 각 개인의 손에 들려 있을 수 있겠는가? 그러나 성경은 예외다. 성경은 지금 이 순간에도 누군가의 손 위에 놓여 있으며, 계속해서 읽히고 있다.

성경은 거의 4천 년도 더 된 고대의 기록이며, 이 책에서 주로 다루려는 신약성경만 하더라도 약 2천 년 전의 일에 대한 것이다. 이토록 오래된 고대 문서가 하루가 다르게 변모하는, 아니 시시각각 급변하여 그 속도를 쫓아가기조차 힘든 오늘날에도 여전히 우리 곁에 머물며 읽히고 있다는 사실은 정말 기적이 아닐 수 없다.

그 이유는 무엇일까? 그것은 아마도 그 속에 있는 '생명력' 때문일 것이다. 마치 살아 있는 존재를 '사람'이라고 부르는 것처럼, 세상과 시대가 아무리 변해도 사람이 여전히 이 땅 위에 살고 있듯, 성경 속에 있는 생명력은 세상과 시대가 아무리 바뀌어도 우리 곁에 존재하는 근거가 될 것이다.

하지만 그것만으로는 지금도 여전히 전 세계 사람들이 성경을 읽고 있는 이 기적을 다 설명하지 못한다. 성경이 지닌 특별함은, 그 안에 스스로 생명력을 가지고 있을 뿐만 아니라, 그것을 읽는 사람에게까지 생명력을 준다는 데 있다. 즉, 성경은 '사람을 살리는 책'이라는 뜻이다. 그렇지 않고서야 순간의 변화에 민감한 인류가 고대 문서인 성경을 시대를 초월해서 오늘날까지 읽고 있다는 사실을 다 설명할 길이 없다.

그렇다면 성경은 무엇인가 비밀스럽고 신비한 호기심을 자극하는 이야기를 하는 책인가? 그렇지 않다. 성경은 무슨 별세계의 이야기를 담고 있지 않다. 성경은 세상이 아무리 변해도 우리가 어디에서나 마주치고, 어디에나 있을 법한 사람들의 이야기를 전한다. 다만 다른 점이 있다면, 성경은 그들 중에서도 눈에 보이는 것이 전부가 아니라고 믿는 사람들에게 주목한다. 그래서 눈에 보이지 않는 것을 소중하게 여기는, 이른바 신앙의 삶을 산다고 말하는 사람들을 조명한다. 그들이 바로 성경의 주인공들이다. 거기에는 물론 눈에 보이는 세상만이 전부인 줄 알았던 사람들의 시각이 변화되어 가는 이야기도 담겨 있다.

그렇다. 성경도 어쨌든 사람들이 살아가는 이야기다. 우리와 똑같이 이 세상에서 살았던 사람들의 이야기다. 다만 그들은 신앙의 삶, 진리를 추구하는 삶에 최고의 가치를 둔 사람들이다.

이 책에서는 신약성경의 배열 순서와 초기 기독교의 역사적 흐름에 등장하는 인물 스물네 명을 조명한다. 특히 그들의 이름을 설명한다. 어떤 면에서 사람의 이름은 그 인생과 운명의 축소판과도 같기 때문이다. 이름에는 대개 부모와 가문의 바람과 기대가 담겨 있지만, 실제로 그렇게 살아 내느냐는 그 이름을 부여받은 이들의 몫이다.

따라서 이 책은 먼저 성경 속 인물의 이름이 지닌 의미와 유래를 해석하고, 이어서 그 인물이 성경 안에서 어떤 활동과 역할을 했는지를 성경의 배경이 되는 당시의 역사적 상황과 성경 상호 간의 텍스트 참조를 활용해서 풀어낸다. 신약성경 인물들에 대한 이러한 접근과 해설은 성경 읽기의 이해의 지평을 넓히고, 성경을 실재하는 역사적 사건으로 인식하고 체감하는 데 도움을 줄 것이다.

이 책의 내용 대부분은 기독교대한성결교회 기관지인 〈활천〉에 2024년부터 2025년까지 '신약의 인물이 들려주는 이야기'라는 지면을 빌려 연재했던 글을 보완한 것이다. 활천사 업무부장 김기택 목사의 권유로 시작했던 부족한 글에 독자들의 성원 그리고 김승환

지앤엠글로벌문화재단 아시아 대표와 장은영, 이진선 부장의 독려가 더해져 한 권의 책으로 묶이게 되었다. 출판을 위해 애써 준 두란노서원에도 감사의 마음을 전한다.

coram Deo et homine

2026년 4월 은혜의 자리(恩所)에서

저자 김영인

1부
만남
κοινωνία

1. 소망의 별을 따라 온 동방박사

ἀστέρα(아스테라, 별)

신약성경에는 많은 사람이 등장한다. 그리고 그들의 긍정적 혹은 부정적 신앙 경험은 씨실과 날실이 되어 신약성경이라는 신앙 문서의 텍스트를 이룬다. 이들은 구원사의 중심이며 시간의 중심이신 예수 그리스도의 사건을 직접적으로, 때로는 간접적으로 증거한다. 그 안에는 마치 "인생은 연극이다"라고 말한 셰익스피어(William Shakespeare)의 말처럼 어떤 사람은 주연으로, 어떤 사람은 조연으로 그리고 어떤 사람은 단역으로 무대에 등장했다가 사라진다. 그렇지만 조명을 덜 받은 등장인물도 그 존재 이유와 맡은 역할이 있다. 짧은 출연에도 불구하고 우리는 그들의 등장과 역할 속에서 성경의 진리와 초기 기독교의 '삶의 자리'(Sitz im Leben)가 어떠했는지 엿볼 수 있다. 만일 우리가 그것을 발견할 수 있다면 정말 큰 수확이 아닐 수 없다.

한 해가 저물어 가는 세밑이 되면 누구나 가슴이 설렌다. 살아온

한 해가 저문다는 무게감과 살아야 할 새로운 한 해가 다가온다는 기대감은 왠지 마음을 들뜨게 하고, 12월을 1년 중 그 어떤 달보다 특별하게 만든다. 후회와 희망이 교차하는 묘한 분위기로 뒤섞인 시기다. 거기에 만일 성탄 캐럴이 귓전에 울리고 밤거리를 밝히는 형형색색의 등이 눈길을 사로잡아 반짝이며, 자선냄비의 땡그랑 종소리마저 들린다면 누구나 동심(童心)으로 돌아갈 수밖에 없을 것이다.

그때 머릿속에 '아! 성탄절. 성탄절이 다시 돌아왔구나' 하고 입 속말을 되뇌게 된다. 마침 거기다 흰 눈까지 내리면 저마다 자기가 살면서 경험한 성탄절이 주마등처럼 스칠 것이다. 유년기의 성탄절, 청소년기의 성탄절, 젊은 날의 성탄절 그리고 장년기와 노년기의 성탄절…. 아마 살면서 각각의 시기에 경험한 성탄절은 매년 똑같지 않을 것이다. 그리고 가장 인상 깊은 첫 번째 성탄절은 자신의 마음속 어딘가에 변함없이 늘 자리하고 있을 것이다.

'동방 박사'의 유래

처음, 첫 번째라는 것은 그렇게 많은 의미가 있다. 그렇다면 세상 모든 이에게 이렇듯 만감(萬感)이 교차하게 하는 성탄의 처음은 어땠을까. 마태복음은 성탄의 시작을 '동방 박사'(東方博士)라는 친숙한 사람들의 이야기로 시작한다. 말하자면 동방 박사는 성탄의 전령사다. 그렇다. 그들은 지구상 그 누구보다도 가장 먼저 예수의 탄생을 인지하고 전한 사람들이다. 그래서 성탄 장식과 크리스마스 카드에도 그들의 모습은 빠지지 않는다. 한국적 정서에서 동방 박사라는 말은 더 정겹고 고귀하며 신비롭기까지 하다. 머나먼 동방에서 온 박사라니, 번역이 참 잘되었다. 아기 예수의 탄생 이야기에 너무나 잘 어울린다. 그들은 누구일까?

마태복음 2장 1절은 동방 박사에 대해서 이렇게 전한다.

"헤롯왕 때에 예수께서 유대 베들레헴에서 나시매 동방으로부터 박사들이 예루살렘에 이르러 말하되."

바로 이 구절, '동방으로부터 박사들이'라는 대목에서 동방 박사라는 명칭이 유래했다는 것을 알 수 있다. 이 단서로부터 동방 박사의 정체를 파악하려면 '동방'이 어디를 말하는지 그리고 '박사들'은 무엇을 하는 사람인지를 알아야 한다. 가장 쉬운 접근은 몇몇 영어 성경과 기타 외국어 성경의 번역을 살펴보는 것이다. 이런 방법을 통해 성경의 실마리를 풀어내는 경우가 종종 있다. 물론 원문까지 살필 수 있다면 금상첨화(錦上添花)다.

영어권에서 가장 오래되고 많은 사람에게 사랑받는 흠정역(KJV)은 이 부분을 "wise men from the east"라고 번역한다. '동방에서 온 현자(賢者)들'로 읽힌다. 원문과 현대 언어를 고려해 능동적으로 번역했다는 NIV는 "Magi from the east"라고 번역하여 '동방에서 온 마기'라고 읽는다. 이 번역에서는 '마기'가 무엇인지를 알아야 그 의미를 정확히 알 수 있다. 한글 성경의 '박사' 부분을 마기라고 번역한 영어 성경에는 NIV와 같은 번역 기준에서 현재의 언어 용법을 더 강조한 NAS 또는 NASB가 있다.

독일어 성경을 살펴보면, 우리나라의 공동번역과 같은 EÜ (Einheitsübersetzung)는 "ein sterndeuter aus dem ostern"라고 번역하여 '동방에서 온 점성술사(sterndeuter)'로 이해한다. 원문의 의미를 최대한 살려 직역에 가까운 번역을 하는 ELB(Elberfelder Bibel)는 "wise vom morgenland"으로 번역하여 문자적으로는 해 뜨는 곳, 즉 '동방에서 온 현자'로 옮겼다. 루터(Martin Luther)의 번역에 기초한 LU84(Luther Bible 1984)는 "magier von ostern"으로 번역하여 '동방에서 온 마기'라고 읽는다.

그렇다면 성경의 원문에는 어떻게 기록되었는지 궁금하다. 헬라어 원문 성경은 이 부분을 "μάγοι ἀπὸ ἀνατολῶν"(마고이 아포 아나톨론)이라고 쓴다. 한글 성경의 박사, 일부 영어 성경의 현자라는 번역이 '마고스'(μάγος)에서 왔음을 볼 수 있다. 마고스의 사전적 의미를 빌리면, '마술하는 사람, 별을 관찰하는 사람, 지혜로운 사람'을 뜻한다. 오늘날 박사 학위를 받은 사람과는 전혀 다른 의미다. 일부 성경이 '마기'라고 번역한 것처럼, 굳이 번역하지 않아도 되는 당시의 칭호나 호칭으로 이해할 수 있다. 이는 동방으로 번역한 '아나톨레'(ἀνατολή)도 마찬가지다. 아나톨레는 기본적으로 동쪽, 해 뜨는 곳이라는 뜻도 있지만 바빌론, 아라비아 그리고 주로 페르시아를 일

쿤는 말이기도 하다.

이것에 관해서는 신약성경이 형성되던 시대에 유행하던 회의주의(懷疑主義)를 소개한 섹스투스 엠피리쿠스(Sextus Empiricus)의 저술을 보면 어느 정도 정확한 정보를 얻을 수 있다. 섹스투스 엠피리쿠스는 2세기경 회의주의의 창시자로 알려진 피론(Pyrrhon)의 사상과 연결하여 《피론회의주의 개요》(Πυρρώνειον Ὑποτυπώσεων)를 저술했는데, 그 책 제3권 205절에서 마고스에 관해 소개한다. 거기서 그는 마고스를 '페르시아인(Πέρσης) 중에서 특히 지혜를 연구하는 사람'이라고 말한다. 그들은 주로 점성술가로서 주술과 예언을 담당하는 종교적인 사제들이다. 이 기록을 통해 우리는 동방 박사가 어디에서 왔고 무엇을 하는 사람들이었는지 어느 정도 윤곽을 잡을 수 있다.

흔히 동방 박사는 세 명으로 알려져 있다. 그러나 그들이 세 명이라는 사실은 성경 어디에도 명확히 나타나지 않는다. 다만 마태복음 2장 11절에 그들이 아기 예수께 봉헌한 예물이 황금, 유향, 몰약으로 나오기 때문에 세 명으로 추측할 따름이다. 동방 박사가 몇 명이었는지는 불분명하다. 심지어 네 번째 동방 박사의 이야기까지 다양하게 전래한다. 네 번째 동방 박사는 선행을 베푸느라 일행에 합류하지 못해 아기 예수를 경배하지 못했지만, 평생 선행을 베풀다 인생의 마지막 여정에 골고다에 이르러 십자가에 달린 예수를 만나 소원을 이룬다는 감동적인 이야기다. 하지만 이 이야기 역시 동방 박사가 세 명이라는 전제에서 출발해 아기 예수를 경배하지 못한 네 번째 제3의 인물을 극화한 것이다. 성경 어디에도 동방 박사가 세 명이라고 명시하지는 않는다.

 이방인들이 전하는 구원의 소식

동방 박사에 관해서는 또 다른 에피소드가 있다. 아프리카의 성자로 알려진 알베르트 슈바이처(Albert Schweitzer)의 이야기다. 세간에는 그가 노벨 평화상을 수상한 의사로 알려졌지만, 본래 그는 신약성경을 연구한 신학자였다. 하지만 자신이 믿는 신앙과 신학을 실천하기 위해 뒤늦게 의학을 공부하여 의사가 되었고, 그 후 아프리카에서 의료 봉사를 하였다. 그가 어린 시절 교회의 주일학교에 다닐 때 있었던 일화는 매우 유명하다.

교회의 선생님이 마태복음 2장 11절을 읽어 주며 동방 박사에 관해 설명할 때였다. 슈바이처는 그 내용을 들으며 다음과 같은 질문을 던졌다.

"선생님, 당시에는 치안이 매우 혼란할 때였는데, 어떻게 도둑에게 그 귀중한 예물들을 빼앗기지 않고 아기 예수께 드릴 수 있었나요?"

황당하지만 매우 현실적인 질문이었다. 이러한 문제의식 때문이었을까? 훗날 슈바이처는 《예수전》(Geschichte der Leben Jesu Forschung)을 저술했다. 그의 책은 신약 연구 분야에 '역사적 예수'(historische Jesu)라는 중요한 화두를 던진 기념비적인 저술이 되었다.

그렇다면 왜 마태복음은 저 들 밖에서 양을 치던 목자들에게 성탄의 기쁜 소식이 가장 먼저 전해졌다는 기록과 달리, 동방 박사를 아기 예수 탄생의 전령사(傳令使)로 등장시킨 것일까? 마태복음이 소위 유대인 그리스도인, 즉 유대인이면서 기독교로 개종한 이들을 위한 성경이라는 점을 고려하면 이는 더욱 의아한 일이다. 마태복음은 다른 어떤 복음서보다 구약성경을 더 많이 인용하며 메시아 예언의 성취를 강조했던, 유대인 출신 그리스도인 공동체의 성경이 아니었던가. 그런데 성탄의 기쁨과 메시아의 탄생을 제일 먼저 알린 전령사가 동방의 아나톨레, 즉 페르시아에서 온 이방인 동방 박사라니 참으로 아이러니하다. 다른 복음서에는 기록되지 않은 이 이야기를 놓치지 않고 기록한 마태 공동체는 어떤 공동체였으며, 그 안에서는 어떤 일이 있었던 것일까?

마태복음은 가장 유대인적인 복음서다. 그런데 조금만 자세히 들여다보면, 이 가장 유대인적인 복음서 안에서 가장 이방인적인 요소들이 나타나는 것을 알 수 있다. 그것이 마태 내러티브의 중요한 대목마다 돌출해 있다. 특히 이야기의 요체가 되는 시작과 끝에 드러난 이방인을 향한 관심이 매우 의미심장하다. 마태복음의 서두는 유대인의 복음서답게 예수의 족보(Genesis)로 시작한다. 그런데 이 족보 속에 굳이 이방인 여인들을 언급하고 있다. 다말과 라합 그리고 룻이다(마 1:3, 5). 또한 마지막에 나오는 부활하신 예수의 대사명(大使命), 대위임(大委任)을 보면 "너희는 가서 모든 민족을 제자로 삼아"(마 28:19)라는 명령이 나온다. 여기서 '모든 민족'은 '타 에트

네'(τὰ ἔθνη)로, 더 직역하여 원문의 의미를 살린다면 '모든 이방인'을 포괄하는 표현이다.

사실 이때 마태 공동체의 상황은 자신들이 속한 유대교의 우산 아래 눈치를 보며 유대교와 함께 회당 안에(intra muros) 머물러 있어야 할지, 아니면 예수 그리스도의 복음을 들고 유대교와 결별하여 그 밖으로(extra muros) 나가야 할지 의심과 혼돈 속에 있던 시기였다. 그러나 마태복음이 보여 주는 것은, 이제 그들이 더 이상 유대교 안에만 머물러 있지 않고 유대교와 회당 밖으로 나가 이방인과 온 세계인에게 복음을 전파할 결심이 섰다는 사실이다. 하지만 이것이 가능한 일일까?

이 놀라운 사건의 물꼬를 트는 모티브가 바로 동방의 박사들이다. 이들을 통해 이방인 역시 이 세상의 구원자에 대한 기쁜 소식을 들을 자격과 바탕이 있다는 사실을 미리 준비시키는 것이다. 페르시아에서 온 이 마기들은 예수 탄생의 기쁜 소식을 최초로 전했을 뿐 아니라, 아기 예수를 죽음의 위협으로부터 최초로 보호한 사람들이다. 그들은 아기 예수를 해치려는 헤롯의 명령을 따른 것이 아니라, 하나님이 전해 주시는 계시의 말씀에 따라 다른 길로 고국에 돌아갔다(마 2:12).

가장 유대인적인 복음서가 가장 이방인적인 복음서가 되었다. 이방인은 예수의 탄생을 먼저 알았을 뿐 아니라, 예수를 제일 먼저 지켜 준 사람들이다. 이런 이들에게 어찌 복음이 전파되지 않을 수 있겠는가. 해마다 성탄의 계절이 찾아온다. 마태복음의 아이러니처럼 크리스마스는 이제 그리스도인보다 이방인들이 더 좋아하는 축제가 되었다. 마태복음의 아이러니가 제대로 실현된 것이다. 그러나 성탄은, 크리스마스는 이미 다 알고 있다고 생각하며 자리에 멈춰 서 있는 사람이 아니라, 별빛을 따라 길을 떠나는 사람에게 더 의미가 있다.

εὐαγγέλιον(유앙겔리온, 좋은 소식)

 ## 누가복음과 사도행전

누가복음은 최초의 복음서로 불리는 마가복음과 예수의 말씀 어록집(Logia)을 원자료(Quelle)로 사용하여 기록된 성경이다. 누가복음은 기본적으로 마가복음의 구조를 따르지만, 마가복음과 달리 전기적(傳記的) 요소와 역사적 요소가 혼합되어 이야기 방식으로 서술되었다. 누가는 이런 의미에서 자신의 복음서를 과감히 '이야기'(διήγησις, 디에게시스)라고 말한다(눅 1:2). 누가가 추가한 전기적 요소 중 대표적인 것은 예수의 이야기가 본격적으로 시작되기 전에 나오는 소위 '전사'(前史)다. 이 전사에는 마가복음에는 없는 세례자 요한과 예수의 탄생 이야기가 병행 비교를 통해 나란히 소개된다.

누가복음은 가난한 자, 성령의 역사, 여인/여제자 등 다양한 관점에서 읽을 수 있다. 하지만 사도행전과의 연속성 속에서 하나님의 구원사(Heilsgeschichte)로 읽어야 한다는 지배적인 관점이 있다. 누가복음 속에 있는 구원사의 핵심 구절은 16장 16절이다. "율법과 선지자는 요한의 때까지요"라는 구절에서 누가는 세례자 요한의 이야기가 구원사의 관점에서 예수의 이야기 앞에 놓여 있어야 함을 알았다. 이렇게 세례 요한의 이야기를 도입한 누가는 율법과 선지자의 시대를 세례자 요한까지, 구원사의 중심인 '시간의 중심'(Mitte der Zeit)에 예수를 그리고 그 이후의 시대는 성령과 교회의 시대로 나누어서 구원사에 대한 그의 인식을 드러낸다.

누가가 자기 공동체의 눈을 세속사의 한가운데서 펼쳐지는 구원사로 돌리게 한 것은 무엇보다도 예수의 재림이 지연되고 있는 현실을 반영한 신학적 응답이다. 예수의 재림이 막연히 연기되는 것이 아니라 거쳐야 할 단계와 지나야 할 시대가 있다는 것이다. 마냥 늘어지고 늦춰지는 것이 아니라 다 때가 있다는 의미다. 이런 의도에서 누가는 예수가 중심에 있는 복음서뿐 아니라 성령이 인도하는 교회의 이야기를 전하는 사도행전까지 저술했다.

사실 신약성경의 배열 순서를 보면, 누가복음과 사도행전 사이에는 요한복음이 있다. 그러나 누가복음과 사도행전이 처음부터 떨어져 있던 것은 아니다. 당시 책을 만드는 기술과 재료가 불완전해서 누가복음과 사도행전은 두 권으로 나뉘게 되었고, 성경을 한 권으로 묶을 때 복음서를 앞에 배치하여 편집하는 전통 때문에 사도행전이 분리되어 요한복음의 뒤에 놓이게 된 것이다. 그래서 누가복음과 사도행전은 요한복음을 건너뛰어 한 권의 책으로 읽어야 그 흐름을 잘 이해할 수 있다. 그래야 구원사의 연속성을 보다 자세히 깨달을 수 있다. 이런 이유로 이 두 책은 전통적으로 '누가-행전'(Luke-Acts)으로 불린다.

 ## 기억하시는 하나님

누가의 표현처럼 세례자 요한은 율법과 선지자의 시대를 대표한다. 그는 제사장 사가랴(Ζαχαρίας)의 아들로 태어났다. 율법과 선지자의 시대에 놓여 있는 인물이라는 상징이다. 요한의 아버지 사가랴의 이름은 같은 발음의 히브리어 '자카리아'(זְכַרְיָה)로 '여호와께서 기억하셨다'라는 뜻이다. 성경의 인물에게 부여된 이름에는 흔히 예지적(豫知的) 의미가 있다. '여호와께서 기억하셨다'라는 사가랴의 이름은 그의 인생에 어떤 의미가 있으며, 또 어떠한 일을 예견하고 있는 것일까?

누가복음은 세례자 요한의 아버지에 대해서 이렇게 설명한다.

"유대 왕 헤롯 때에 아비야 반열에 제사장 한 사람이 있었으니 이름은 사가랴요 그의 아내는 아론의 자손이니 이름은 엘리사벳이라"(눅 1:5).

세례자 요한이 레위 가문 사람이라는 것은 아버지와 어머니의 출신으로부터 알 수 있다. 사가랴는 레위 자손이 아니면 할 수 없는 성전 봉사의 직무를 맡은 제사장이고, 그의 어머니 엘리사벳 역시 아론의 자손으로 레위의 후손이다. 그런데 아쉽게도 이들 부부에게는 자녀가 없었다. 구약성경의 여러 경건하고 의로운 가정, 예를 들어 아브라함과 사라, 엘가나와 한나, 마노아와 그의 아내처럼 사가랴와 엘리사벳도 노년에 이르도록 자녀가 없었다(눅 1:7).

누가복음 1장 8-9절은 당시 제사장이 성전 제사의 임무를 어떻게 담당했는지 잘 보여 준다. 당시 성전 제사는 스물네 개 조로 나누어진 제사장들이 순서에 따라 담당했다. 사가랴는 그 그룹의 여덟 번째인 아비야 반열에 속한다(대상 24:10). 제사장은 1년에 두 번 자신의 차례가 돌아오면 일주일간 성전에 머물며 봉사의 직무를 담당했다. 봉사의 직무 중에서 분향은 제사장에게 가장 영예로운 일로 여겨졌다. 대제사장이 아닌 평제사장이 지성소에 가장 가까이 갈 방법은 오직 분향의 직무 외에는 없기 때문이다. 그래서 제비를 뽑아 부여되는 임무 중 분향은 제사장에게 일평생 한 번 올까 말까 한 가장 소중한 순간이다.

사람에게는 누구나 일생에 한 번 올까 말까 한 기회가 있다. 이 기회는 노년이 되도록 자녀가 없었던 사가랴와 엘리사벳 부부에게도 예외는 아니었다. 구약성경의 여러 경건하고 의로운 가정에 일어났던 기적이 이들 부부에게도 일어났다. 제사장으로 평생을 복무하더라도 일생에 단 한 번 올까 말까 한 기회가 그들에게 찾아온 것이다. 제사장에게 가장 영광스러운 순간, 바로 지성소 앞에서 여호와 하나님께 분향하는 일을 사가랴가 맡게 되었다(눅 1:9). 이스라엘 백성 모두를 대신해 하나님의 성소에서 분향하는 시간에 사가랴는 어떤 기도를 했을까? 온 백성을 위해 기도하는 그 찰나의 순간, 그는 이 영광스럽고 복된 일을 수행하며 아주 잠깐 자신의 뒤를 이을 아들을 꿈꾸었을까?

하나님의 사자는 그에게 매우 신기한 말을 전한다.

“너의 간구함이 들린지라”(눅 1:13).

그렇다. 마침내 사가랴에게 ‘하나님이 기억하셨다’라는 그의 이름처럼 기적이 일어났다. 그의 아내 엘리사벳이 아들을 낳는다는 것이다. 그러나 그 놀라운 순간, 인간은 언제나 그렇듯 실수를 반복하고 만다. 아브라함과 사라가 아들을 낳을 것이라는 수태고지를 믿지 못하고 의심했듯이(창 18:10-15), 사가랴도 의심한다.

“내가 이것을 어떻게 알리요 내가 늙고 아내도 나이가 많으니이다”(눅 1:18).

인간은 이처럼 늘 한계를 극복하지 못하고 실수한다. 그런데도 그 일을 이루시는 분은 하나님이다. 하나님은 태어날 아기의 이름을 요한(Ιωάννης, 요안네스)으로 지어 주며 확신을 주신다.

요한이라는 이름은 히브리어 이름 요하난(יוֹחָנָן)에서 유래하며,

이 이름의 헬라어 음역이 요안네스다. 히브리어 요하난은 '하나님은 자비로우시다'라는 뜻이다. 요한의 히브리어 이름의 유래는 '테힌나'(תְּחִנָּה)에서도 찾을 수 있는데, 이는 '하나님의 은혜와 자비를 구하는 기도'라는 뜻이다. 즉 "너의 간구함이 들린지라"라는 말씀과 상통하는 의미다. 정말 하나님은 누구에게나 간절한 기도를 들어주신다. 사가랴에게는 아들의 이름을 요한으로 지어 주며 이를 분명히 하신다.

 의심에서 찬송으로

세례자 요한의 수태 소식은 예수의 어머니 마리아에게 큰 확신을 주는 사건이 된다. "보라 네 친족 엘리사벳도 늙어서 아들을 배었느니라"(눅 1:36)라는 소식은 예수의 어머니에게 확신을 주었다. 이때 마리아는 입을 크게 벌려 노래한다.

"내 영혼이 큰 소리로 주를 찬양합니다"(Magnificat anima mea Dominum, 마그니피카트 아니마 메아 도미눔).

이것이 바로 마리아의 찬양시로 유명한 '마그니피카트'(Magnificat)다. 가브리엘의 수태고지에 "주의 여종이오니"(小婢女)라며 신적 누미노제(Numinose) 앞에 서 있었던 마리아에게, 친족 엘리사벳의 임신 소식만큼 앞으로 전개될 일에 대해 확신을 주는 일은 없을 것이다. 이렇게 하나님의 구원 역사는 어떤 한 사람의 확신이 다른 사람의 확신으로 전이되어 확대되고 재생산된다. 이것은 또한 의심의 안개 속에서 세례자 요한의 수태고지를 받았던 제사장 사가랴에게 도 마찬가지다.

사가랴는 이스라엘을 하나님께로 돌아오게 할 엘리야의 심령과 능력을 갖춘 아들의 출생을 의심했다. 다니엘도 놀라운 환상을 보고 말 못 하는 언어 장애를 겪은 적이 있듯이(단 10:15), 사가랴 역시 하나님의 놀라운 구원 계획이 자기 가족에게 임한다는 말씀을 믿지 못했다. 하나님의 말씀을 믿지 못하는 인간의 한계를 넘어서지 못한 사가랴는 하나님의 말씀이 이루어질 때까지 말을 못 하게 된다(눅 1:20). 하지만 인간의 한계 그 끝에서 하나님은 일하시고, 마침내 인간으로서 도저히 이해하지 못할 일이 현실이 된다. 하나님의 경륜(providentia Dei, 프로비덴치아 데이)은 역사의 수레바퀴를 돌려 구원사의 첫 단계를 마무리하고, 이제 세례 요한의 태어남으로 그 두 번째 단계를 연다.

사가랴는 자기 아들이 태어나자 비로소 확신을 품고 신앙의 응답을 한다. 아들의 이름은 레위 자손의 이름도, 제사장 가문의 이름도 아니었다. 그는 하나님이 기도를 들으시는 분이고 자비하신 분이라는 것을 고백하듯, 아들에게 요한이라는 이름을 준다. 의심이 사라질 때가 바로 성령이 찾아오는 순간이다. 성령이 충만할 때 하나님을 찬송할 수 있다. 사가랴는 성령이 충만하여 마리아의 마그니피카트에 화답하는 '베네딕투스'(Benedictus)를 노래한다(눅 1:68).

"찬송하리로다. 주, 이스라엘의 하나님이여"(Benedictus Deus Israhel,

베네딕투스 데우스 이스라엘).

마리아의 입을 크게 벌려 큰 소리로 찬송하게(Magnificat) 하신 하나님은, 이제 의심 속에 있던 사가랴에게 모든 것을 선명하게 보이시고 닫혔던 그의 입과 굳은 혀를 풀어 찬송하게(Benedictus) 하신다.

애굽에서 노예처럼 학대당하며 고통 속에 있던 이스라엘 백성을 돌아보신 하나님은 역사의 또 다른 순간에 당신의 백성을 찾아와 구원을 이루신다(눅 1:68). 구원의 역사는 이렇게 한 사람의 확신이 또 다른 사람에게 전이되고, 그 확신이 확대 재생산되어 이루어지는 일이다. 웨슬리언(Wesleyan)은 이것을 그들의 전통 속에서 다음과 같이 말한다.

"하나님은 그분의 일꾼을 묻으시지만, 그분의 일은 계속하신다"(God buries His workmen, but carries on His work).

◆ 질문과 나눔 ◆

1. "하나님은 그분의 일꾼을 묻으시지만, 그분의 일은 계속하신다"라는 웨슬리언의 경구(警句)는 어떤 의미를 담고 있나요?

2. "한 알의 밀이 땅에 떨어져 죽지 아니하면 한 알 그대로 있고 죽으면 많은 열매를 맺느니라"(요 12:24)라고 하신 주의 말씀과는 어떤 의미의 연결점이 있나요?

3. 순교의 첫 열매가 된 야고보

μάρτυς(마르튜스, 순교자/증인)

일반적으로 복음서의 전승에 따르면 예수의 제자는 열두 명으로 알려져 있다. 유대교 전통에서 숫자는 많은 상징을 내포하고, 12는 완전수로 여겨진다. 예수의 제자가 열두 명이었다는 것은 이스라엘을 구성하는 열두 지파와 공명을 이루며, 예수의 열두 제자는 종말론적 열두 지파의 지도자라는 메타포이기도 하다. 이런 맥락에서 예수의 제자가 열두 명이어야 한다는 확증은 결원(缺員)이 생겼을 때 그것을 보충하는 회의를 통해서 더 견고해진다. 누가복음과 사도행전이라는 누가의 연속 작업(Double Work)에서 사도행전은 이 회의를 전해 준다(행 1:15-26).

제자 중 하나였던 가룟 유다는 대제사장들에게 예수를 팔아넘기고, 그것을 자책한 후 비극적인 죽음을 맞는다(행 1:16-20). 이때 남은 제자와 예수를 따르던 무리는 그들 중에서 두 명을 추천하고 한 명을 제비로 뽑아 열둘이라는 제자의 수를 다시 완성한다.

"제비 뽑아 맛디아를 얻으니 그가 열한 사도의 수에 들어가니라"
(행 1:26).

이로 미루어 볼 때 예수의 제자가 열두 명이어야 하는 여러 당위가 있었음을 어느 정도 짐작할 수 있다. 그리고 그 숫자의 상징적 의미와 무게 또한 가늠할 수 있다.

예수의 제자가 열두 명이었다는 구체적인 증거는 신약성경 네 곳에 나타난다. 최초의 복음서인 마가복음 3장 16-19절과 마태복음 10장 2-4절, 누가복음 6장 14-16절 그리고 사도행전 1장 13절이다. 예수의 제자 명단을 전승하는 이 제자 목록은, 가룟 유다가 사망한 이후의 이야기를 전하는 사도행전을 제외하고, 제자들의 명단이 베드로로 시작해서 가룟 유다로 끝난다는 특징이 있다.

그런데 이 네 군데에서 전해 주는 제자들의 명단이 모두 일치하는 것은 아니다. 소위 핵심 제자들의 이름이 나열되는 순서가 서로 다르게 나오는 것은 이해할 수 있지만, 어떤 사람이 빠지기도 하고 추가되기도 하는 것은 의아하다. 예를 들어, 누가복음과 사도행전에 나타나는 제자 목록을 보면 야고보의 아들 유다가 있지만, 마가복음과 마태복음에는 없다. 반면에 마가복음과 마태복음에 나오는 다대오는 누가복음과 사도행전의 제자 목록에는 빠져 있다. '가나나인 시몬'(Σίμων Καναναῖος, 시몬 카나나이오스) 역시 마가복음과 마태복음에는 나오지만 누가복음과 사도행전에는 나오지 않고, 대신 같은 자리에 '셀롯 시몬'(Σίμων Ζηλωτής, 시몬 젤로테스)이라는 이름이 나온다.

여기서 가나나인 시몬과 셀롯 시몬은 동일인일 수 있다. 이들의 별명인 아람어 '카나나'(קנאנא)에 '샘을 내는, 열심 있는 사람'이라는 뜻이 있고, 헬라어 '셀롯' 역시 '열정적인 사람, 열심당원'이라는 의미가 있기 때문이다. 그럼에도 열두 번째 제자가 누구인지를 명확히 결정하기는 어렵다. 왜냐하면 야고보의 아들 유다와 다대오(Θαδδαῖος)가 동일인인지, 아니면 다른 사람인지를 밝히는 자료가 부족하기 때문이다. 예를 들어, 5-6세기의 중요한 양피지 사본인 코덱스 베자(Codex Bezae, 05)는 다대오를 레바이온(Λεββαιον)이라고 달리 기록하기도 한다.

 ## 천둥과 번개라고 불린 두 형제

예수의 제자는 이렇게 12라는 상징적인 숫자로 묶인 하나의 동아리이지만, 사실 그 명단조차 들쑥날쑥하여 존재 자체가 불투명한 사람이 있는가 하면, 예수께 특별한 별명을 받아 존재감이 두드러진 인물도 있다. 제자 명단의 선두에 있는 시몬 베드로를 제외하고, 이런 특별 대접을 받는 제자는 세베대의 아들들이다. 이들은 제자 목록에서 보통 야고보와 요한의 순서로 언급된다. 야고보가 먼저 나오는 이유는 정확히 알 수 없지만, 요한의 형일 수도 있고 초기 기독교에서의 기여도를 고려한 것일 수도 있다. 이들 형제는 예수께 '보아너게'(Βοανηργές, 보아네르게스)라는 별명을 받았는데, 이

말은 ‘우레의 아들’이라는 뜻이다(막 3:17). 쉽게 말하면 야고보와 요한은 ‘천둥과 번개’라는 말이다. 무슨 뜻일까? 모르긴 몰라도 아주 시끄럽고 성질이 급하다는 비유와 멀리 떨어져 있지 않을 것이다. 실제로 복음서는 이들의 이런 성향을 가감 없이 전해 준다. 누가복음 9장 51-56절에 보면, 예수께서 제자들과 예루살렘으로 향하시던 중 사마리아를 지나간다. 이때 사마리아인의 한 마을에 들어갔는데 주민들이 그 일행을 영접하지 않았다. 그러자 야고보와 요한은 “주여 우리가 불을 명하여 하늘로부터 내려 저들을 멸하라 하기를 원하시나이까”(눅 9:54)라며 그들의 성정(性情)을 노출한다.

또한 마가는 예수께서 예루살렘으로 향하는 중요한 길목인 여리고에서 이 천둥과 번개가 행한 일을 여지없이 알려 준다(막 10:36-45). 이들은 예수가 예루살렘성에 들어가면 정치적 지도자인 메시아가 될 것으로 믿었던 것 같다. 아마 대부분의 제자가 그런 생각을 하지 않았을까. 정치와 종교의 심장부인 예루살렘성으로 향하시는 예수를 보며 그들은 모두 김칫국을 마셨을 것이다. 이것은 야고보와 요한이 자신들을 예수의 우편과 좌편에 임명해 달라고 건의하는 것을 들은 나머지 열 명의 제자가 모두 분개하는 대목에서 어느 정도 확인할 수 있다(막 10:41). 또 가룟 유다는 어떤가. 그는 예수를 배반하고 심지어 그분을 팔아넘기지 않았는가!

마태는 너무나도 뻔뻔한(?) 야고보와 요한의 이런 청탁을 그들이 아니라 그들의 어머니가 한 것으로 에둘러 말하며 이들을 변호한다(막 20:20-21). 이것은 마태의 전반적인 기조로, 마태는 마가가 제자도의 관점에서 일부러 부각하고 있는 제자들의 몰이해, 실수, 믿음 없음의 주제를 약화하고 제자들을 변호한다. 마태복음의 기록 시기가 마가복음보다 훨씬 나중이며, 마태복음이 마가복음을 대본(臺本)으로 해서 기록되었다는 점을 고려하면 이해가 된다. 때로는 다혈질적이고 급하며 과격하게 반응하고 자신의 이익을 앞세우는 세베대의 아들들이 어떻게 예수의 참 제자가 될 수 있을까? 이런 사람들에게도 가능성은 있는 것일까? 예수의 제자라는 이름을 달고 있지만 그렇지 못한 이들의 행태가 폭로된 마가복음을 읽을 때 얼마나 부끄러웠으면, 마태는 이들의 실수와 잘못을 덮어 주려 하고 완화했을까?

 ## 야고보, 첫 순교자가 되다

어찌 보면 예수께서 세베대의 아들들을 교훈하려고 했던 말씀, "너희 중에 누구든지 으뜸이 되고자 하는 자는 모든 사람의 종이 되어야 하리라"(막 10:44)라는 말씀은 예언처럼 이들에게 임했던 것 같다. 천둥과 번개 같던 이들 중 요한은 요한복음과 요한의 서신에서 볼 수 있듯 사랑의 복음을 전하는 사랑의 사도가 된 것 같다. 요한보다도 언제나 그 이름이 앞서 나오는 야고보는 어떤가?

초기 기독교의 위대한 인물들의 마지막에 대한 언급을 극도로 자제하는 신약성경은 세베대의 아들 야고보의 순교를 명시적으로 기록한다. 사도행전 12장 1-2절에 보면 "그때에 헤롯왕이 손을 들어 교회 중에서 몇 사람을 해하려 하여 요한의 형제 야고보를 칼로 죽이니"라는 구절이 나온다. 여기서 말하는 헤롯왕은 헤롯 왕가를 시작한 헤롯 대왕(Herod the Great)의 손자인 헤롯 아그리파 1세(Herod Agrippa I)다. 헤롯 아그리파 1세는 헤롯 안티파스(Herod Antipas)의 뒤를 이어 왕위에 올라 유대 전역과 갈릴리, 베레아 등을 통치하던 인물이다. 헤롯 아그리파 1세는 사도행전 12장 3절의 "유대인들이 이 일을 기뻐하는 것을 보고"라는 언급에서처럼 유대인의 환심을 사기 위해서 예루살렘에 형성된 초기 교회를 박해했다. 마찬가지로 야고보를 참수(斬首)했다는 것에서 다분히 그의 정치적 목적과 의도를 짐작할 수 있다. 당시 유대법이나 로마법의 관행은 살인자, 반역자 등 중범죄자를 제외하고는 '칼로 죽이는' 참형(慘刑)을 시행하지 않았기 때문이다. 이것은 베드로를 잡아서 투옥하려는 의도와 마찬가지로 전형적인 '보여 주기식 판결'(show trial)이다.

그렇다면 헤롯 아그리파 1세는 왜 야고보를 처형했을까? 이것은 사도행전 12장의 전체 주제와 어느 정도 연관이 있다. 야고보를 처형한 헤롯 아그리파 1세는 다시 베드로를 잡으려고 한다. 왜 그럴까? 베드로, 야고보 그리고 요한은 제자 목록에서 보듯이 제자들의 선두에 서 있다. 이들은 예수의 지상 사역 중에도 나름의 열심(?)으로 선두에 있었고, 초기 기독교의 설립에도 앞장선 공동체의 리더이며 탁월한 복음 전도자다. 바울은 초기 기독교에서 이들의 역할과 위상을 갈라디아서에서 이렇게 전한다.

"또 기둥같이 여기는 야고보와 게바와 요한도 내게 주신 은혜를 알 므로"(갈 2:9).

그렇다. 초기 기독교의 기둥 같은 지도자에 베드로와 요한이 있다. 그러나 아쉽게도 세베대의 아들 야고보는 없다. 이미 순교했기 때문이다. 만일 야고보가 그렇게 일찍 순교하지 않았다면, 그의 이름도 초기 기독교의 기둥 같은 지도자 명단에 올랐을 것이다. 그러나 그 명단에는, 마치 세베대의 아들 야고보를 대신하듯, 주의 동생 야고보가 있을 뿐이다.

헤롯 아그리파 1세는 의도적으로 그리고 보여 주기식으로 초기 기독교의 유력한 지도자 중 하나인 예수의 제자 야고보를 죽였다. 그래서일까. 헤롯 아그리파 1세는 그 일 후 갑작스러운 복통에 시달리다 돌연히 사망했다(행 12:21-23). 유대인 역사가 플라비우스 요세푸스(Flavius Josephus)는 사도행전의 보도와 일치하게 그의《유대 고대사》(Ἰουδαϊκὴ Ἀρχαιολογία)에서 "그가 5일간 고통에 시달리다가 사망했다"(Ant. IXX, 343-350)라고 전한다.

천둥과 번개 같은 성품으로 자신의 영욕을 위해서 예수를 따랐던 세베대의 아들 야고보. 그는 예루살렘에 입성하는 예수의 우편과 좌편의 높은 자리를 차지하는 대신, 예루살렘에 처음 세워진 첫 번째 교회의 첫 번째 순교자가 되었다. 이런 일이 어떻게 가능할까? 지극히 세속적이고 성공 지향적이며, 화조차 다스리지 못하는 사람이 어떻게 이처럼 변화될 수 있을까? 아니, 그것을 넘어 자기를 희생하고 생명조차 내어 주는 숭고한 삶으로 나아갈 수 있는 것일까? 야고보는 바로 그런 삶을 실천한 전설의 사람이 되었다.

그를 기념하기 위해서 그의 묘지가 스페인에 세워졌다고 전해진다. 그가 묻힌 곳은 하늘로부터 별이 무수히 쏟아져 내려오기 때문에 '별이 쏟아지는 들판', 즉 '콤포스텔라'(Compostela)라고 불린다.

"지혜 있는 자는 궁창의 빛과 같이 빛날 것이요 많은 사람을 옳은 데로 돌아오게 한 자는 별과 같이 영원토록 빛나리라"(단 12:3).

야고보에게 잘 맞는 예언의 말씀이다.

4. 정결함을 얻은 거라사의 광인

κάθαρσις(카타르시스, 정결/정화)

요즘은 '광인'(狂人)이라는 말을 잘 쓰지 않는다. 신세대나 소위 MZ세대는 광인이라고 하면 무슨 뜻인지 잘 모를 수도 있다. 하지만 '미쳤다'라는 뜻을 가진 '광'(狂) 자는 과거 한자를 병용(竝用)하던 시대에는 그리 낯선 말이 아니었다. 예를 들어, 근대 작가 김동인은 자신의 소설 제목을 《광염 소나타》라고 붙였는데, 여기서 '광염'은 말 그대로 '미친 불꽃'이라는 의미다.

교회를 오래 다녔거나 성경을 좀 안다거나 나이가 지긋한 이들이라면 '거라사의 광인'이라는 제목을 들었을 때 어떤 미친 사람에 관한 이야기인지, 심지어 그 이야기가 성경 어디에 나오는지까지 짐작한다. 하지만 젊은 세대는 제목에서부터 의아해한다. 아마 그들의 언어로 "뭐래?"라고 할지도 모른다. 그만큼 지금의 교회는 세대 차이가 크고 사용하는 언어의 스펙트럼도 넓어 의사소통의 장애를 느끼기까지 한다. 이제 신약성경에 나오는 거라사의 광인 이야기를 통해 언어의 간격을 좁히고 이해의 폭을 넓히면서, 성경의 진리와 초기 기독교의 삶의 자리를 들여다보자!

 ## 거라사의 광인, 부정하고 소외된 존재

신약성경에서 '거라사의 광인'과 관련된 내용은 마가복음 5장 1-20절, 마태복음 8장 28-34절 그리고 누가복음 8장 26-39절에 나온다. 하지만 정확히 '거라사의 광인'이라는 제목을 붙일 수 있는 곳은 마가복음과 누가복음뿐이다. 마태복음은 그 지리적 배경을 '가다라' 지방으로 바꾸기 때문이다. 여러 가지 이유가 있겠지만, 우선 거라사 광인 이야기의 배경에서 돼지 떼가 몰살되는 바닷가의 위치를 정확히 가늠하지 못했기 때문이다. 거라사라고 불리는 지역은 돼지 떼가 빠져 죽어야 하는 바다(?)와의 거리가 상당히 멀리 떨어져 있어, 마가복음보다 상대적으로 늦은 시기에 쓰인 마태복음은 마가복음을 교정하여 비교적 물과 가까운 가다라를 이야기의 배경으로 설정한 것이다. 그러나 지리적 배경을 고증하는 것보다 더 중요한 것은 그 이야기에 담긴 의미와 진실일 것이다.

거라사 광인의 이야기(막 5:1-20)는 먼저 정결의 문제로 시작한다. 배를 타고 바다를 건너 거라사인의 지방에 도착한 예수는 거기서 더러운 귀신 들린 사람을 만난다. 여기서 '더러운'이라는 말은 '아-카타르토스'(ἀ-κάθαρτος)다. '카타르토스'는 우리가 아리스토텔레스

(Aristotle)를 통해 익히 아는 '정화'(淨化)라는 뜻으로, 깨끗이 씻어 내어 시원하게 한다는 의미인 '카타르시스'(κάθαρσις)와 어원이 같다. 원래 카타르시스는 속이 불편한 사람이 내장을 시원하게 비우고 쾌변했을 때의 상쾌함을 말한다. 그런데 여기에 헬라어 부정 접두어 '아'(ἀ)가 붙어 반대말인 '깨끗하지 못한, 부정한, 더러운'이라는 뜻이 된 것이다.

더러운 귀신 이야기의 시작은 바로 이런 정결의 문제를 안고 있다. 이것을 증명하듯이, 예수가 만난 그 더러운 사람의 거주 지역이 무덤이다. 무덤에 사는 사람은 시체를 만지기만 해도 부정하게 된다는 유대인의 금과옥조인 모세의 율법(민 19:11-22)을 어기는 셈이기에 정결하지 못한 사람이다. 더구나 그곳은 인근 도시에 사는 이방인의 식용을 위해 돼지 떼를 키우는 곳이다(막 5:11). 누가복음의 '잃어버린 아들(탕자)의 비유'(눅 15:11-32)에서 알 수 있듯이, 당시 성경적 세계관에서 돼지 근처에 있다는 것은 그 자체로 부정한 것, 정결하지 못한 것, 최악의 상황을 상징한다. 이러한 복합적인 상황 속에서 돼지들이 돌아다니는 무덤가에 살면서 더러운 귀신에게 지배당한 그 사람은 참으로 불쌍한 존재다. 어찌 보면 사람의 왕래가 적은 황량한 곳에 버려진 소외된 존재인 것이다.

이 사람에게 정결하게 될 수 있는 한 줄기 희망의 빛이 비친다. 바다 저편에서 배를 타고 오신 예수는 배에서 내리자마자 곧 이 사람을 만난다. 버려지고 소외되어 점점 사나워지고 폭력적으로 변해 쇠사슬로도 묶어 놓을 수 없게 된 사람, 자기 자신에게 상처를 내며 사회와 동떨어져 살아가는 이 사람이 어떻게 구원받을 수 있을까? 자신을 포기한 가장 불행하고 불쌍한 사람에게 예수께서 한 걸음에 다가오신다.

그런데 이 사람은 예수께 달려와 무릎을 꿇으면서도 "지극히 높으신 하나님의 아들 예수여 나와 당신이 무슨 상관이 있나이까"(막 5:7)라고 말한다. 이 문어체 표현을 요즘 말로 바꾸면, "나에게 관심을 두지 마세요! 제발 나를 좀 내버려 두세요!"라는 뜻일 것이다. 이 한마디에서 거라사 광인의 마음속에 공존하는 모순과 혼돈을 볼 수 있다.

먼저 "지극히 높으신 하나님의 아들 예수여"라는 고백은 예수가 자신의 문제를 해결하고 절망 속에 빠진 자기를 건져 줄 분임을 단박에 알고 있음을 의미한다. 아마 그를 지배하는 귀신들이 이미 알고 있었을 것이다. 그러나 그의 내면으로부터는 '나 좀 살려 주세요!'라는 영혼의 애절한 호소가 터져 나온다. 그런데 이어지는 말은 놀랍게도, "나를 상관하지 마세요", "나를 제발 좀 내버려 두세요"라는 어처구니없는 소리다. 비록 더럽고 추한 땅이지만 익숙해진 그곳에 안주하려는 더러운 귀신의 하소연이자, 그곳으로부터 내쫓길 것에 대한 두려움과 절망의 표현이다. 더구나 그를 붙잡고 있는 귀신은 수도 많거니와 강력한 로마의 '군대'(Λεγιών, 레기온)와 같다. 당시 로마는 식민지인 유대 땅의 점령군으로 많은 사람을 학살하고(눅 13:1), 죄 없는 사람도 사형에 처했다(막 15:15).

예수께서는 두 마음을 갖고 사람을 꾀는 자(διάβολος, 디아볼로스)의 본질을 꿰뚫어 보시는 분이다. 사실 한 입으로 서로 다른 두 소리를 내게 하고, 또 두 마음을 갖게 하는 것이 바로 더러운 영의 작용이다. 흡사 "오호라 나는 곤고한 사람이로다 이 사망의 몸에서 누가 나를 건져 내랴"(롬 7:24)라는 바울의 탄식처럼, 아니 모든 인간 실존의 탄식처럼 이러지도 저러지도 못한 채 절망 속에 있는 사람에게 구원이 있을 수 있을까? 예수께서는 거라사의 광인에게 먼저 손을 내미시고, 그를 지배하는 더러운 귀신을 내쫓으신다. 그렇게 그에게서 나온 더러운 귀신은 무덤가에서 사육되던 2천여 마리의 돼지에게로 들어가고, 돼지 떼는 바닷가에 빠져 전멸한다. 2천여 마리의 돼지가 바다를 향해서 돌진하는 장관은 흡사 유대 사람들을 압제하고 그 땅을 지배하던 로마 군대 레기온의 패망과 겹치며, 정복 전쟁을 일삼던 그들의 멸망을 보여 주는 듯하다.

일순간 귀신 들린 사람은 정신이 온전하여지고 옷을 입고 있다. 미래에 대한 소망과 확신은 현재의 고통과 비극을 능히 이겨 낼 수 있다. 이제 그는 거라사의 광인이 아니라 예수의 사건을 선포하는 자로 변화되었다. 그는 예수께서 자기에게 어떻게 행하셨는지를 데가볼리(Δεκάπολις, 데카폴리스)에 전파하는 사람이 되었다(막 5:20). 바로 예수의 제자가 되었다는 말이다. 그는 예수께서 다시 배에 올라 그 지역을 떠날 때 예수와 동행하기를 간청했다. 예수의 곁에서 함께하는 제자가 되기를 원했다. 하지만 예수께서는 "너의 집으로 돌아가라!"(명령법)라고 말씀하셨다. 여기서 당시 예수께서 제자들에게 하신 두 가지 소명 명령 형태를 볼 수 있는데, 하나는 우리가 잘 아는 "나를 따라오라!"이고, 또 하나가 바로 거라사의 광인 이야기에서 읽을 수 있는 "너의 집으로 돌아가라!"이다.

이 두 가지 소명 명령법에서 초기 기독교에 존재하던 두 가지 유형의 제자 모델을 엿볼 수 있다. 첫 번째는 집을 떠나 예수와 동행하는 '출가 제자'(出家 弟子)형이고, 두 번째는 자기 집에 머물며 예수와 하나님 나라를 전파하는 '정주 제자'(定住 弟子)형이다. 이 두 모델은 예수 운동과 초기 교회를 지지하는 두 기둥과 같다. 방랑하는 카리스마적 지도자와 그 제자들이 한 기둥이라면, 지역에 머물러 있는 제자들은 그곳에서 복음을 전하며 순회 전도자들이 방문했을 때 그들을 섬기고 후원하는 역할을 했다. 이 두 그룹이 상호 간에 네트

워크를 이루며 조화될 때 복음은 예루살렘과 온 유대와 사마리아와 땅끝까지 전파될 수 있었다.

우리는 이런 모델의 흔적을 누가복음 8장에서도 읽을 수 있다.

"헤롯의 청지기 구사의 아내 요안나와 수산나와 다른 여러 여자가 함께하여 자기들의 소유로 그들을 섬기더라"(눅 8:3).

이들은 자신의 지역(local area)에서 예수와 같은 방랑하는 순회 선교사, 순회 전도사가 오면 힘껏 섬기며 그들을 후원하고 지원하던 정주 제자의 모델이다. 이런 모델의 구체적인 예를 '열두 사도 교훈집' 또는 '디다케'(Διδαχή, 가르침)로 불리는 초기 기독교의 신앙 문서에서도 확인할 수 있다. 디다케 11장 3절 이하에 보면, "[순회하는] 사도들과 전도자들에 관해서는 복음서의 지침에 따라, 여러분에게 오는 모든 사도를 마치 주님처럼 영접하십시오"(명령법)라고 기록되어 있다. 이 모델은 사도 바울이 소아시아와 유럽을 전도하는 선교의 구조이기도 하다.

거라사 광인의 이야기는 자신의 힘으로는 구원받을 수 없는 극단적인 속박과 절망의 상태에서 예수를 만나 구원받은 한 사람의 아름다운 회복과 치유를 말해 준다. 하지만 그 사건은 예수 운동과 초기 기독교가 어떻게 작동되며 조직되어 있는지를 짐작할 수 있는 실마리를 제공해 주기도 한다.

우리는 이 이야기 속에서 한 사람의 변화가 그저 작은 변화에 머무르지 않고 복음이 전파되는 통로와 교회를 세워 가는 기초 및 단단한 기둥이 되어 간다는 사실을 보게 된다. 더러운 귀신 들린 한 사람의 몸과 마음 그리고 태도가 정결하고 온전하게 되어서 예수의 제자가 되고 교회의 기초가 된다는 성경의 이 사실은 오늘날 우리에게 큰 울림과 본보기가 된다.

5. 봉사의 참 뜻을 배운 마리아와 마르다

διακονία(디아코니아, 봉사)

신약성경은 우리와 시공간의 격차가 약 2천 년이다. 이런 면에서 "성경은 역사 속에서 [사람의] 말로 주어진 하나님의 말씀이다"라고 말한 미국의 복음주의 성서 신학자 래드(G. E. Ladd) 교수의 통찰은 시사하는 바가 크다. 성경은 영원한 진리인 하나님의 말씀이지만, 동시에 역사적으로 특수한 환경 속에서 인간의 말로 기록되었다. 즉 하나님의 말씀인 성경이 역사적으로 각 시대를 살았던 사람들의 언어와 그 시대의 사고방식을 통해서 표현되었고, 그 표현은 그 시대의 사회와 문화를 비롯한 모든 역사적 환경에 의해 결정될 수밖에 없다.

하나님의 말씀인 성경이 가진 이러한 측면은, 성경에 기록된 표면적인 내용과 표현을 보다 더 잘 이해하고 해석하기 위해서 그 이야기와 역사(history) 이면에 있는 배경(meta-history)도 잘 알아야 한다는 점을 알려 준다. 사실 우리는 성경을 읽을 때 종종 헷갈리고 착각을 일으키는 구절이 있음에도 용감하게(?) 그냥 넘어가곤 한다. 그러나 그것이 반복되면 잘못된 생각이나 왜곡된 사실이 진실로 고착될 수 있다. 진리의 말씀이 가진 역사적 특수성을 간과한 실수의 결과다.

 ## 성경 속 인명과 지명, 어떻게 읽어야 하는가

성경을 읽는 독자에게 이런 혼돈을 주는 대표적인 것 중 하나가 성경에 나오는 인명(人名)과 지명(地名)일 것이다. 우선 성경의 인명과 지명은 우리가 사는 사회·문화적 환경과 너무나 큰 거리가 있어 친숙하지 않다. 더구나 우리가 평소 사용하지 않는 발음과 음절로 인해 더 낯설다. 인명은 그 의미가 도저히 연상되지 않고, 지명은 그 위치가 어디인지 가늠할 수 없어 더 막막하다. 더군다나 동명이인(同名異人)이나 동명이지(同名異地)가 나타날 때 역사적 배경마저 알지 못한다면, 오해와 곡해를 낳을 우려가 있다. 더 최악은 자신만의 잘못된 확신을 담대히(?) 전달할 때다.

한 예로, "성령이 아시아에서 말씀을 전하지 못하게 하시거늘"(행 16:6)이라는 내용에 대해서, 이것이 바로 한국, 중국, 일본 등 아시아에 복음이 늦게 전파된 이유라고 설명하는 황당한 설교를 들은 적이 있다. 지금 우리가 사용하는 '아시아'(Asia)와 2천 년 전의 '아시아'(Ασία)가 지리적으로 무엇이 다르며 그 지명이 의미하는 바가 무엇인지를 정확히 모른 채, 그저 자기 상식으로 성경을 쉽게 이해하려고 한 무지의 소치요, 인간의 말로 기록된 하나님의 말씀이 가진 특수성을 너무 쉽게 생각한 오만의 결과다. 당시의 '아시아'(Provincia Asia)는 로마가 제국을 통치하려고 나눈 여러 지역인 '프로방스'(Province) 중 하나로, '무시아'(Mysia, 미시아) 지방의 아래를 말하며 현재 튀르키예의 서북 지역에 해당한다. 수도는 에베소(Ephesus, 에페수스)였다.

인명도 그렇다. 2천 년 전이나 지금이나 유행하는 이름이 있다. 과거 국어 교과서에 이름을 올린 '철수와 영희'가 그 대표적이다. 2천 년 전 성경 세계에도 유행하는 이름이 당연히 있었다. 대표적인 이름이 '예수와 마리아'다. 예수라는 이름은 구약의 '여호수아' 또는 '호세아'와 같은 맥락의 이름으로 신약 시대에도 유행한 남성 이름이다. 마리아 역시 그 어원은 모세의 누이인 미리암으로, 신약 시대뿐만 아니라 요즘 서양에서도 여전히 유행하는 여성 이름이다.

예수라는 이름이 얼마나 흔했는지는 예수가 십자가에 못 박히는 사건을 전하는 에피소드에서도 알 수 있다. 영어 성경 NIV와 NRSV는 마태복음 27장 17절을 이렇게 번역한다.

"누구를 너희에게 놓아 주기를 원하느냐 [예수] 바라바냐[Jesus Barabbas] 그리스도라 하는 예수냐[Jesus who is called the Messiah]."

이 번역을 있는 그대로 이해한다면 바라바의 이름도 예수이며, 메시아의 이름도 예수다. 이 번역은 사본의 영향이기도 하지만, 한편으로는 예수라는 이름이 당시에 매우 흔했다는 것을 보여 주는 증거라고 할 수 있다. 마리아는 굳이 사례를 들지 않아도 충분할 것이다(막 16:1). 이런 이유로 지명이나 인명이 같다고 해서 모두 같은 것이라거나, 혹은 모두 다른 것이라고 쉽게 단정하기는 어렵다.

마르다와 마리아

누가복음 10장 38-42절에는 예수를 환대하여 집에서 접대하는 아름다운 이야기가 나온다. 누가복음은 예수가 갈릴리에서 예루살렘으로 가는 여정을 내러티브의 중요한 뼈대로 삼는다(눅 9:51-19:28). 예수는 마르다(Μάρθα)와 마리아(Μαριά)가 사는 어떤 마을에 들어가신다. 신약성경에서 마르다와 마리아가 자매로 동시에 나오는 곳은 요한복음(11:1-46, 12:1-3)이다. 누가는 마르다와 마리아가 사는 곳이 어디인지 밝히지 않고 그저 한 마을(a certain village)이라고 하지만, 제4의 복음서인 요한복음은 마리아와 마르다가 베다니(Bethany)에 살 뿐 아니라 나사로라는 남자 형제가 있다는 것까지 친절하게 알려 준다.

마르다는 아람어의 '주(主), 주인, 선생님' 등을 뜻하는 '마르'(מר)에서 파생된 여성형 '마르타'(מרתא)로 볼 수 있고, 그 뜻은 '여주인, 부인'이다. 마리아는 구약성경의 이름인 '미리암'(מִרְיָם)이 헬라어 음가에 따라 마리아로 표기된 것으로 추측된다. 히브리어적으로 볼 때는 '쓰다, 뿌리, 강하다'라는 의미가 있고, 이집트에서는 비슷한 음가가 '높여진, 사랑받는' 등의 뜻을 가진다. 그런데 누가복음에만 나오는 마르다와 마리아의 이야기는 종종 교회 안에서 많은 논란을 유발한다. 즉 식탁 봉사(Tischdienst)냐, 말씀 봉사(Wortdienst)냐 하는 양자택일의 문제로 보는 긴장과 대립이다. 하지만 이 이야기 속에 담긴 것이 그것뿐일까? 그 이야기의 실상이 궁금하지 않을 수 없다.

결론부터 말하면, 마르다와 마리아 이야기의 중심은 식탁 봉사와 말씀 봉사의 신경전을 다루는 것이 아니다. 물론 표면적으로 이 에피소드는 초기 기독교 공동체에서 문제 되었던 봉사 참여와 예배 참여에 대한 갈등을 내포하고 있다. 이는 어느 정도 현대 교회에서도 마찬가지다. 하지만 이 이야기 속에는 그것을 넘어 우리가 깨닫고 알아야 하는 가르침이 숨겨져 있다. 이제 보물찾기를 하는 것처럼 마르다와 마리아 자매의 에피소드에 숨겨져 있는 보물을 찾아보자.

예수의 갑작스러운 방문과 마르다의 불평

이야기의 시작을 보면, 방랑하는 순회 설교자인 예수는 어느 날 불쑥 한 마을로 들어가신다. 예수의 이 방문은 전혀 예고가 없었던 것으로 보인다. 이러한 예고 없는 방문은 한편으로 예수의 습관을 나타내는 것일 수도 있고, 다른 한편으로는 예수와 두 자매의 친밀감을 보여 주는 것일 수도 있다. 가족처럼 가까운 사람은 예고 없이 찾아와도 반갑고, 있는 모습 그대로를 다 보여 주어도 부끄럽지 않다. 예수와 두 자매가 그런 사이다(요 11:5). 하지만 예수의 갑작스러운 방문은 귀한 손님을 대접해야 하는 집주인 마르다의 마음을 분주하게 했을 것이다. 손님을 잘 대접하고 싶은 것은 좋은 마음이지만, 분주함은 종종 일을 그르치게 한다. 그리고 곧 불평으로 이어지기 쉽다. 이는 집안일이나 교회 일이나 마찬가지다.

정신없이 바쁘게 봉사하던 마르다는 일손이 필요해졌다. 그런데 동생 마리아는 예수의 발치에 앉아 말씀을 듣고 있다. 결국 분을 참지 못한 마르다는 갑자기 벌떡 일어서더니 예수께로 간다. 마르다의 이런 행동을 동사 중심으로 발달한 헬라어가 생생하게 묘사한다. 누가는 마르다의 이 동작을 헬라어 아오리스트(aorist) 분사인 '에피스타사'(ἐπιστᾶσα)를 사용하여 표현한다. 분사(Participial)는 영어 문법에서 주로 동시 동작과 부대 상황을 나타낼 때 사용한다. 헬라어 문법은 여기에 더해 동작의 지속성과 급박성 그리고 일회성까지 표현할 수 있다. 아오리스트, 즉 부정 과거 시제가 그렇다. 이는 순간적이고 일회적인 동작을 설명한다. '에피스타사'라는 말이 주는 뉘앙스는 마르다가 갑자기 일어났다는 표현이다.

이어서 그녀가 분통을 터뜨리며 예수께 하는 말속에 진실이 숨어 있다. 핵심은 40절의 '나를 내버려두었다'이다. 이는 개역개정 성경의 "나 혼자 일하게 두는 것"이라는 말의 직역이다. 영어 성경 NIV를 보면 마르다의 본심을 더 잘 읽을 수 있다.

"Lord, don't you care that my sister has left me to do the work by myself? Tell her to help me!"

우리말로 번역된 성경에도 그 뉘앙스가 담겨 있지만, NIV에서 예수께 불평하는 마르다의 자기 중심성(my, me, myself)을 더 분명히 발견할 수 있다. 봉사가 중심에 있다기보다 봉사하는 '자기'가 중심에 있는 것이다.

마르다의 불평에 예수는 일침을 가하신다.

"한 가지만 차려라!"

이 말 역시 "몇 가지만 하든지 혹은 한 가지만이라도 족하니라"(눅 10:42)의 직역이다. NIV는 '몇 가지만 하든지'를 아예 생략한다. 성경 원문에 '몇 가지만 하든지'라는 말은 없고 '한 가지만 차려라!'라는 말만 있다는 확신에 찬 번역이다. 그렇다. 갑자기 찾아온 예수를 잘 대접하고 섬기려는 집주인의 마음은 충분히 공감한다. 많이 차리고 싶을 것이다. 한껏 뽐내고 싶은 마음도 있을 것이다. 그러나 예수는 한 가지만으로도 족하다고 말한다. 많이 준비하느라 힘들어서 본질을 잊으면 안 된다는 뜻이다. 식탁 봉사가 말씀 봉사를 앞설 수 없다는 말이다.

교회 안의 두 가지 봉사가 마르다와 마리아의 선택으로 양분되는 것처럼 보이지만, 마리아가 선택한 말씀의 봉사를 마르다가 선택한 식탁의 봉사가 앞설 수는 없다. 사실 이 둘은 비교의 대상이 아니다. 교회에서는 둘 다 필요하다. 다만 우선순위의 문제다. 말씀의 길에 확실히 선 사람이 봉사의 길을 갈 수 있다. 그 순서가 바뀐다면 문제가 발생한다. 봉사보다 봉사하는 사람이 중심에 오고 자꾸 무게가 실려서는 안 될 것이다.

마르다와 마리아의 이야기 속에 숨겨져 있는 사실은 봉사인가 예배인가의 대립을 말하려는 것이 아니다. 그럼에도 여전히 이 이야기가 말씀이 먼저인가, 아니면 봉사가 먼저인가의 실랑이와 실력 행사로 읽히는가? 이야기 속의 마리아와 마르다는 봉사가 먼저인가, 예배가 먼저인가를 놓고 다투고 있지 않다. 마리아는 침묵하고 있다. 성경은 그녀가 그저 예수의 발치에서 말씀을 듣고 있다고 전한다. 다만 예수는 마르다를 일깨우신다.

"먼저 마리아가 되어라. 그리고 다음에 마르다가 되어라!"

◆ 질문과 나눔 ◆

1. 당신은 봉사할 때 그 중심에 '주님'이 계시나요, 아니면 수고하고 있는 '나 자신'이 자리하고 있나요?

2. '말씀의 길'에 확실히 서지 않은 사람이 '봉사의 길'을 간다면 어떤 어려움이 발생할 수 있는지 함께 나누어 보세요.

6. 긍휼히 여김 받은 바디매오

ἐλέησόν(엘레에손, 긍휼히 여기소서)

이름에 담긴 의미

베드로만큼 파란만장한 삶을 살았던 사람도 드물 것이다. 갈릴리의 어부가 예수의 뒤를 따라 그의 제자가 되고, 당시 제국의 수도인 로마에서 순교했다고 하니 그의 인생만리(人生萬里)는 결코 평탄한 것이 아니었을 것이다. 그래서일까? 베드로처럼 성경에서 다양한 이름으로 불린 사람도 없다. 그의 본명은 '시몬'(Σίμων)임이 분명하다. 최초의 복음서에 기록된 소명 에피소드에서 그를 명확하게 시몬이라고 부른다(막 1:16). 그런데 이보다 앞서 기록된 바울 서신에서는 그를 달리 부른다. 갈라디아서 2장 9절에서 예루살렘 모교회(母敎會)를 방문한 바울은 눈치 빠르게 교회의 지도부를 스캔(?)한다. 바울의 눈에 비친 예루살렘교회의 리더십은 다음과 같다.

"기둥같이 여기는 야고보와 게바와 요한도."

여기서 두 번째 지도자인 '게바'(Κηφᾶς)가 바로 시몬이다. 시몬이 본명(Given name)이라면, 게바는 별명(Nickname)인 셈이다.

'게바'가 예수께서 시몬에게 지어 주신 본래의 아람어 별명이라면, 이 아람어식 별명을 헬라어로 번역한 것이 '베드로'(Πέτρος)다.

"너는 베드로라 내가 이 반석 위에 내 교회를 세우리니"(마 16:18).

하지만 시몬 베드로에게 이런 이름만 있는 것은 아니다. 당시 관습처럼 성(Family name)으로 불리기도 했다. 마태복음 16장 17절에 나오는 '바요나 시몬'(Σίμων Βαριωνᾶ, 요나의 아들 시몬)과 요한복음 21장 15절에 나오는 '요한의 아들 시몬'(Σίμων Ἰωάννου)이 그것이다. 아직 성이 없던 시대라 '-의 아들'이라는 표현이 곧 그가 속한 가족과 가문을 말하는 것이었다.

한편, 시몬의 아버지가 왜 한쪽에서는 요나로, 다른 쪽에서는 요한으로 기록되었는지를 따져 보지 않을 수 없다. 간단히 추정하면, '요한의 아들'은 구약 전통에서 나온 '요하난'에서 유래한 것으로 볼 수 있다(대상 12장). 반면 '요나의 아들'에서 요나가 히브리식 이름이라면 선지자 요나를 연상시키고, 아람어 음역이라면 요한과 어원이 같은 '요하난'이 되어 요한과 다를 바가 없다. 그러나 혹시 예수와 같은 떠돌이 방랑 선교사를 일컫는 말이라면, 그때의 요나는 '떠돌이, 무소유, 경계인' 등의 의미를 지닌다. 말하자면 '바르-요나'는 '가난한 자의 아들, 무소유의 아들'이라는 뜻이다. 따라서 예수께서 가이사랴 빌립보에서 시몬에게 반석, 곧 베드로라는 별명을 주면서 '바요나'라고 부르신 것(마 16:17)은 방랑 선교사의 길에 합류하는 베드로에게 현실을 인식하라고 주신 말씀일 수도 있다.

이처럼 가족과 가문의 이름이 확정되기 전에는 어떤 사람을 특정할 때 부모의 이름으로 부르는 습관이 오래도록 내려왔다. "뉘 집 자손이요?"라는 물음을 사전에 차단하며 자신이 누구인지를 알리는 수단이다. 그래서 히브리어에서는 '벤'(בּן)을 사용하여 '-의 아들'을 나타낸다. 대표적으로 '벤-야민'(בּנימין)은 '야민의 아들'이다. 이러한 형식이 바벨론 포로기를 거치면서 아람어식으로 바뀐다. 아람어에서는 '벤' 대신 '바'(Βαρ)를 사용한다. 이런 역사적 배경에서 신약 시대에 '-의 아들'을 표현할 때 '바'를 사용하게 된 것이다. 아람어 '바'는 현대로 넘어오면서 '빈'으로 바뀐다. 예를 들어, '오사마 빈 라덴'(Osama Bin Laden)이라고 할 때, 이름은 오사마이고 성은 빈 라덴으로 라덴 가문의 아들이라는 의미다.

 디매오의 아들, 바디매오

마가복음 10장 46-52절에 등장하는 바디매오(Βαρτιμαῖος)의 이름도 그런 형식이다. 바디매오는 46절에서 자세히 소개한 것처

럼, 디매오의 아들이다. 성경은 바디매오의 이름을 한 번은 헬라식으로, 또 한 번은 아람어식으로 말한다. 헬라식은 46절의 표현대로 '디매오의 아들'(the son of Timaeus)이고, 아람어식은 '바'를 붙여서 '바디매오'다. 헬라식 이름과 아람어식 이름을 번갈아 말하는 것은 마가복음이 헬라 독자를 위해 쓰였다는 방증이 될 수도 있다. 디매오라는 이름도 헬라식 이름 '티모테오스'(Τιμόθεος)의 아람어식 약자 표현으로 볼 수 있다. '하나님을 경외한다'라는 티모테오스의 헬라식 약자 표현은 디모데다. 바울의 제자이며 동역자인 디모데가 바로 그 이름이다.

'하나님을 경외하는 자'의 아들인 바디매오는 앞을 볼 수 없는 장애로 인해서 내세울 만한 직업을 갖거나 경제 활동을 하는 데 어려움이 있었을 것이다. 특별한 재주와 기술이 없다면 구걸(求乞)로 생계를 이어 갈 수밖에 없다. 하지만 그는 그래도 요령 있게 순례자들이 가장 많이 통행하는 여리고에서 예루살렘으로 향하는 길가에 앉아 구걸해야 벌이가 좋다는 것 정도는 알았다. 여리고는 많은 순례자가 찾는 예루살렘의 관문으로 예루살렘과 해발 고도가 약 1천 미터 차이가 나며, 거리는 24킬로미터 정도 떨어져 있었다. 예루살렘으로 가는 사람들은 비탈길을 통해서 올라가야 한다. 이 오름길로 예수께서는 제자들과 또 많은 무리와 함께 여리고를 지나 예루살렘으로 올라가고 계셨다.

마가복음은 '예수의 길'이라는 독특한 주제를 담고 있다. 그리고 동시에 그 길을 가는 예수와 그 길을 가야만 하는 '제자들의 길'이

꽈배기처럼 얽혀 있다. 그런데 그 길은 고난과 죽음의 길이고 십자가의 길이다. 이런 이유에서 예수께서 누구인지 그 정체가 밝혀지는 가이사랴 빌립보에서 고난과 수난의 예고가 동시에 나타난다(막 8:27-38). 제자들의 대변자 베드로는 예수께 그 길을 가지 말라고 만류한다. 이때 예수께서 "누구든지 나를 따라오려거든 자기를 부인하고 자기 십자가를 지고 나를 따를 것이니라"(막 8:34)라고 명령하신다. 예수의 이 명령에 순종하는 것이 바로 제자가 가는 길, 제자도(弟子道)다. 이 말씀 후에 예수께서는 고난과 죽음이 기다리고 있는 예루살렘으로 앞장서서 가신다(막 10:32).

 ## "다윗의 자손이여, 나를 불쌍히 여기소서"

이런 맥락을 감싸는 것이 맹인이 눈을 뜨는 치유의 기적 사건이다. 예수께서는 마가복음 8장 22-26절에서 벳새다 맹인의 눈을 뜨게 하신다. 그리고 두 번째 맹인이 눈을 뜨는 치유의 사건이 바디매오라는 실명 거론과 함께 마가복음 10장 46-52절에 다시 나온다. 바디매오가 눈을 뜨는 것은 마가복음의 마지막 기적이며 치유 사건이다. 이렇게 맹인의 눈을 뜨게 하는 사건이 마가 내러티브의 중요한 곳에 자리한 것은 독자가 제발 눈을 뜨고 예수가 누구인지를 깨닫고, 제자라면 어떻게 해야 하는지를 알게 하려는 저자의 강한 메시지가 들어 있기 때문이다.

바디매오는 오늘도 여리고에서 예루살렘으로 향하는 목이 좋은 길에 자리를 잡았다. 여리고를 빠져나오면 본격적으로 산등성이를 올라야 한다. 이 산이 바로 예루살렘을 동쪽에서 마주 보는 감람산이다. 순례자와 행인들은 여리고를 떠나 본격적으로 예루살렘을 향한 등반(?)을 시작하기 전에 단단한 채비를 할 것이다. 그리고 거룩한 신의 도성 예루살렘으로 가기 전에 만난 불쌍한 맹인 거지에게 자비를 베풀지 않을 수 없을 것이다. 바디매오는 오늘 많은 자비와 적선(積善)을 받을 것인가? 어제가 오늘 같고 오늘이 어제 같은 똑같은 일상을 반복하는 그의 삶에 변화가 찾아올 수 있는가?

늘 그렇게 변함없이 길가에 앉아 구걸하던 바디매오의 귀에 많은 사람의 소음이 들려오고 그의 입가에는 자연스레 미소가 번진다.

'오늘 수지맞겠구나.'

그런데 그 소리의 중심에는 나사렛 예수에 관한 웅성거림이 있었다. 바디매오는 나사렛 예수라는 소리를 듣자마자 갑자기 소리를 지른다.

"다윗의 아들이여! 다윗의 아들이여!"

주변 사람들은 모두 놀랐을 것이다. 짐승같이 토해 내는 고성에 놀랐을 것이고, 적선을 구하는 소리가 아니라 예수의 이름을 부르는 소리기에 놀랐을 것이다. 이 맹인 거지가 왜 갑자기 예수의 이름을 부르는가? 이이가 미쳤는가?

바디매오가 부르짖는 '다윗의 아들'은 그 앞 8장 29절에서 베드로가 예수께 했던 신앙 고백, "당신은 메시아이십니다"(Σὺ εἶ ὁ Χριστός, 쉬 에이 호 크리스토스)와 다름없다. 다윗의 아들이 누구인가? 조상들이 오랫동안 고대하고 기다리던, 이스라엘을 해방할 구원자다. 바디매오는 사람이 넘쳐나는 대낮 저잣거리에서 난데없이 예수를 다윗의 자손이라고, 그리스도 메시아라고 선포한다. 하나님을 경외하는 자의 아들 바디매오가 하나님의 아들 예수(다윗의 아들)를 만천하에 알린다. 그러나 바디매오의 이 절절한 믿음과 신앙의 외침은 주변 사람들의 방해로 좌절될 위기에 놓인다. 예수를 하나님의 아들로 인식하고 부르짖는다고 해서 그것이 바로 예수께 도달하거나 주변 사람이 호응하는 것은 아님을 알 수 있다. 그러나 바디매오는 더 크게 소리를 지른다.

"다윗의 자손이여 나를 불쌍히 여기소서"(막 10:48).

이때 바디매오가 크게 외친 소리는 '엘레이손'(ἐλέησόν)이다. 엘레이손은 헬라어의 부정 과거형 명령법으로, 지금 당장 실행되어야 하는 긴박함을 담고 있다. 주께 부르짖는 이 간절한 외침은 예배 예전이나 성가곡에서 자주 사용된다. '키리에, 엘레이손'(Kyrie Eleison), 곧 '주여, 불쌍히 여기소서!'가 그것이다.

바디매오의 간절함은 마침내 예수에게까지 들린다. 예수는 가던 길을 멈추고 바디매오를 부르며, 주변 사람들은 이를 전한다(막 10:49).

“그가 너를 부르신다”(φωνεῖ σε, 포네이 세).

이 한마디보다 더 큰 위로와 안심은 없다. 이제 바디매오는 오직 그 음성을 향해서만 움직인다. 그 음성은 이미 그의 영혼의 눈을 뜨게 했다. 아직 눈을 뜬 것은 아니지만, 그는 예수가 어디 있는지 누구인지 이미 보기 시작했고, 오직 그 음성을 향해 뛰어갔다. 그리고 그의 믿음은 마침내 그의 눈을 뜨게 했다.

길을 모티브로 하는 마가복음에서 바디매오 이야기는 “그가 곧 보게 되어 예수를 길에서 따르니라”(막 10:52)라고 맺는다. 이 부분이 어떤 면에서 마가가 전하는 예수 이야기의 하이라이트다. 벳새다의 맹인 치유와 여리고의 맹인 치유 사이에는 ‘예수가 누구인가를 알아야 한다’는 주제가 들어 있다. 그래서 이 이야기의 큰 문맥(Macro context)은 마가복음 8장 22절에서 시작해서 10장 52절로 끝난다. 그리고 그 모든 일이 길에서 이루어진다. 이 길 떠남의 모티브는 모두 맹인이 눈을 뜨는 사건으로 감싸여 있다. 벳새다의 맹인을 치유하는 에피소드 뒤에 베드로의 신앙 고백이 등장하고, 여리고의 맹인 바디매오가 눈을 뜨는 에피소드 뒤에 바디매오가 예수가 누구인지 알아보고 그를 길에서 좇아 제자가 되는 장면이 등장한다. 반면에 눈을 뜨고 있다고 하는 부자 청년은 예수가 제자로 부름에도 제자의 길을 가지 못한다(막 10:17-22).

눈을 뜨고 있으나 예수를 알아보지 못하면 제자의 길을 갈 수가 없다. 그러나 육신의 눈이 보이지 않는다 해도 영의 눈이 열린 사람은 그 길을 갈 수 있고, 육신의 눈도 더 밝아진다. 하나님을 경외하는 사람(바디매오)은 결국 하나님의 아들을 알아본다. 또한 하나님의 아들 예수를 알아보는 사람만이 하나님의 아들이 초청하는 제자의 길, 제자도를 갈 수 있다. 만일 우리가 그렇지 못하다면 그분에게 소리 높여 부르짖어야 할 것이다.

"키리에, 엘레이손!"

그래도 그분이 듣지 못한다면, 우리는 더 큰 소리로 또 부르짖어야 한다.

"키리에, 엘레이손!"

◆ 질문과 나눔 ◆

1. 당신은 눈을 뜨고 있나요, 아니면 감고 있나요? 혹시 눈은 떴지만 예수를 알아보지 못하고 있는 것은 아닌지 삶을 돌아보십시오.

2. 당신의 소리는 여전히 군중의 소음에 묻혀 있나요, 아니면 주님의 침묵과 응답이 늦어질 때 오히려 더 간절히 부르짖나요?

2부
생명
ζωή

7.  구원의 은총을 받은 삭개오

누가복음 19장
공동체 성경 읽기

σωτηρία(소테리아, 구원)

 예수의 제자들의 다양한 직업

'베루프'(Beruf)라는 독일말이 있다. 이 말은 주로 '직업'이라는 뜻으로 사용되지만, 원래는 '부르다'라는 말인 베루펜([Be]rufen)에서 왔기에 종종 '초빙, 청빙, 천직, 소명, 사명'이라는 의미로도 사용된다. 종교 개혁자 루터는 '베루프'의 이런 함의에 착안해서 "직업이 소명이다!"라는 프로테스탄트 자본주의의 중요한 원리 중 하나를 정의했다. 즉 '직업'이란 하나님이 어떤 한 사람을 그 자리에 있게 한 '소명'이라는 것이다.

직업에는 귀천이 없다. 어떤 위치에서 어떤 일을 하든 그것은 귀한 것이며, 노동은 신성하고 대가는 공정해야 한다. 따라서 모든 사람은 직업을 가져야 하며, 그 안에서 이루어지는 노동은 결국 이웃에 대한 사랑의 실천이다. 그럴 때 모든 것이 합력하여 선을 이루며

(롬 8:28), 우리가 사는 사회가 하나님의 뜻 안에서 돌아가는 것이다. 예수의 제자들도 다양한 직업에 종사했던 사람들이다. 물론 그들이 소명을 받기 전에 어떤 일을 했는지 정확히 알기는 어렵지만, 적어도 몇몇 제자의 직업은 복음서를 통해 알 수 있다. 먼저 핵심 제자들이 어부였다는 사실은 분명하다(막 1:16-20). 비록 예수께서 그들에게 주신 별명의 어감이 좋지 않을 수 있지만, 그들을 '사람을 낚는 어부'라고 부르셨다.

또한 해석이 분분하긴 하지만, 정치에 관여한 사람도 있어 보인다. 누가복음 6장 14-16절에 나오는 열두 제자 명단을 보면 '셀롯'이라는 시몬(눅 6:15)이 있다. 이 '셀롯'이라는 말이 낯설다면 마가복음 3장 16-19절의 명단을 참조할 필요가 있다. 마가복음은 그 부분을 '셀롯'이 아니라 '가나나'라고 표현한다(막 3:18). 사실 '셀롯'이나 '가나나'는 우리에게 낯설지만 대단한 의미가 있는 것은 아니다. '셀롯'은 헬라어의 음역이고, '가나나'는 아람어의 음역이다. '셀롯'은 헬라어 '젤로/셀로'에서 온 말로 '열심을 내다, 샘을 내다, 끈덕지다'라는 의미다. '가나나' 역시 아람어 '카나나'에서 왔으며 의미는 같다. 이는 당시 종교적, 정치적 성향을 지닌 집단을 지칭하는 말이다. 당시 유대교에는 20여 개의 종교·정치적 정파가 있었는데, '가나나/셀롯'은 말 그대로 '열심당'을 뜻한다. 열심당은 종교적 열심에서 출발해 후에는 로마로부터 팔레스타인을 해방하려는 강력한 독립 운동과 혁명을 전개했다. 결론적으로 예수의 제자 시몬은 '열심당' 당원이었다는 말이다.

예수의 제자 중에는 이렇게 특정한 정파에 가입했던 사람이 있는가 하면, 당시 많은 사람이 혐오하는 직업을 가진 사람도 있었다. 마태 혹은 레위라고 불리는 사람이 그다(막 2:14; 마 9:9). 그의 직업은 성경의 표현을 빌리면 '세리'(稅吏)다. 요즘 말로 하면 '세금 징수원'이다. 세금을 걷는 세리는 당시 유대교에서 대표적으로 공인된 '죄인'이었다. 마가복음 2장 14-16절에 나오는 레위의 제자 소명 에피소드를 보면 '세리와 죄인'이라는 말이 세 번이나 반복되어, 세리가 죄인과 동일시된다는 것을 알 수 있다. 말하자면 세리는 죄인의 다른 말이었다. 구전으로 전승되어 내려오다가 비교적 늦은 시기에 문서로 기록된 율법인 미쉬나와, 그 미쉬나를 해석하고 일상생활에 적용할 수 있도록 토론한 랍비들의 저술인 탈무드를 보면 대표적으로 혐오감을 주는 직업은 투전꾼, 고리대금업자, 세금 징수 관리, 세리 등이다. 여기서 특히 세리가 죄인과 동일시되는 이유는 당시 유대 땅 팔레스타인을 지배하던 로마 제국을 대신해 세금을 거두는 일을 했기 때문이다. 이 일로 인해 그들은 공공연하게 로마의 앞잡이 또는 부역자 취급을 받았다.

1세기 로마 제국 치하의 세금 징수는 정부에서 임명한 세무 공무원이 하기도 했지만, 판매세, 관세, 무역세와 기타 다양한 간접세의 경우 정부는 해당 금액을 선납할 수 있는 민간 업자에게서 일시금을 받고 그에게 세금 징수권을 주는 방법을 활용했다. 이러한 민간인 세금 대납업자를 '푸블리카니'(Publicani)라고 불렀고, 신약성경은 이들을 '텔로나이'(τελῶναι), 즉 '세리'라고 부른다. 당시 팔레스타인에서 세리는 이방인인 로마 관리의 동업자일 뿐 아니라, 통상 자신의 이익을 위해 징수할 금액보다 세 배에서 네 배까지 더 많은 세금을 거두어 악명이 높았다. 그래서 그들은 동족으로부터 많은 미움을 받았고, 죄인의 대명사가 되었다. 그런데 예수는 유대인들이 이처럼 무시하고 배척하며 죄인처럼 여기는 세리와 식사할 뿐 아니라, 심지어 레위처럼 그의 제자로 삼기도 하신다.

신약성경에는 세리 레위의 소명 에피소드와 거의 유사한 구조를 가지고 병행하는 또 다른 세리의 소명 에피소드가 있다. 공관복음서에서 오직 누가복음을 통해서만 전해지는 세리장 삭개오의 일화(逸話)다(눅 19:1-10). 공관복음서는 그 구조와 내용의 유사성 때문에 같은 관점에서 볼 수 있다는 의미의 '공관'(共觀)이라는 수식어가 붙지만, 사실 조금 더 세밀하게 들어가면 복음서 각각의 독특한 구조와 내용 그리고 강조점이 따로 있다. 마가복음은 예수의 마지막 일주일에 초점을 맞춘 수난 이야기(막 11-16장)가, 마태복음은 모세 오경을 본뜬 다섯 개의 설교(마 5-7장, 10장, 13장, 18장, 24-25장)가 그리고 누가복음은 여행 이야기(눅 9-19장)가 특징적이다.

그런데 누가복음에는 이 여행 이야기의 끝, 종착지 예루살렘에 입성하기 전 내러티브의 아주 중요한 전략적 위치에 삭개오 에피소드가 배치되어 있다. 삭개오의 에피소드가 이 위치에 자리하는 것만으로도 누가복음에서 이 이야기가 차지하는 위상은 대단하다. 보통 공관복음서의 일반적 구조는 예루살렘으로 들어가기 전, 여리고 에서 맹인이 눈을 뜨는 에피소드를 배치한다(막 10:46-52; 마 20:29-34; 눅 18:35-43). 따라서 삭개오의 이야기는 거지 맹인이 눈을 뜨는 이야기 와 쌍벽을 이루는 중요한 이야기로 눈여겨볼 필요가 있다. 누가는 삭개오를 통해서 무엇을 말하고 싶었을까? 왜 이 이야기를 흘려보 내지 않고 귀담아 두었다가 이렇게 중요한 위치에 배치했을까?

예수께서 갈릴리 지역에서의 사역을 마감하고 예루살렘으로 향 하시는 것은 특별한 의미가 있다. 예루살렘은 예수의 사역이 완성 되는 곳이면서 십자가의 죽음이 기다리는 곳이다. 바로 하나님의 최종 계시가 십자가 속에서 비밀과 기적으로 드러나는 곳이다. 누 가는 예수께서 예루살렘으로 향하시는 그 특별한 의미를 여행이 시 작되는 9장 51절에서 이렇게 기록하고 있다.

"예수께서 승천하실 기약이 차 가매 예루살렘을 향하여 올라가기 로 굳게 결심하시고."

예수께서는 드디어 의미심장한 여행의 목적지 예루살렘으로 향 하신다. 그리고 이 예루살렘의 바로 앞에 있는 도시가 여리고다. 여 리고는 구약의 전통에서도 가나안 땅으로 들어가기 전 이스라엘 백 성이 마주한 견고한 성이 있었던 곳이며, 그곳에서 믿음의 시험을 통과해야만 하는 곳이었다. 이런 맥락에서 공관복음서는 이구동성 으로 예루살렘의 목전에 있는 여리고에서 제일 중요한 일로 맹인이 눈을 뜨는 신기한 기적을 말한다. 마치 지금까지 살던 미신과 미몽의 세계에서 눈을 떠야만 이제부터 예루살렘에서 전개되는 예수의 고난과 십자가의 참 의미를 이해할 수 있다는 것처럼 우리에게도 눈을 뜨라고 촉구한다. 그런데 누가는 거기에 하나 더하여 세리장 삭개오의 이야기를 추가한 것이다.

 삭개오가 보여 주는 제자 됨의 실천

삭개오의 이야기는 시작부터 그의 정체를 밝힌다. 그의 개인 정보가 한꺼번에 노출되며(눅 19:2), 독자에게 그가 누구일까 하는 궁금증을 없애고 단번에 이야기 속으로 뛰어들게 한다. 우리는 그의 이름이, 그의 직업이, 그의 경제적 상태가 어떠한지 알게 된다. 그의 이름은 삭개오(Ζακχαῖος), '깨끗하고 무죄하다'라는 의미의 좋은 이름이다. 그의 직업은 세리로, 로마 당국과 세금 징수 계약을 따낸 능력 있는 높은 지위의 사람이다. 그리고 그 직업과 지위에 걸맞게 부자이기도 하다. 지금의 눈으로 보면 부러운 사람이며, 성공한 사람이다. 그런 사람에게 아쉬울 것이 하나도 없어 보인다.

그러나 지금도 그렇지만, 어떤 한 사람이 획득한 외적 타이틀이 꼭 그 사람을 행복하게 하는 것은 아니다. 누구의 삶이든지 조금만 더 자세히 들여다보면 다 좋은 것만 있는 것은 아니다. 누구나 저마다의 십자가를 지고 살아간다. 인생의 고민과 고충이 있다. 그저 겉

으로 볼 때만 좋아 보이고 부럽기까지 할 뿐이다. 삭개오 역시 마찬
가지다. 그의 이름은 '무죄하다'이지만, 그 당시 세리라는 직업은
괜히 미움을 사는 '죄인'이었다. 더구나 세리들의 책임자인 세리장
이라면 고위직으로, 죄인 중의 괴수라 할 수 있다. 게다가 삭개오
의 이야기를 조금 더 읽어 보면, 그는 키가 유별나게 작은 사람이
었다(눅 19:3). 안타깝게 신체적 결함이 있었다.

여기까지 읽다 보면 삭개오 이야기의 시작에 노출된 그의 개인
정보는 선망과 부러움이 아니라, 모멸과 부끄러움이다. 그를 부르
는 좋은 이름은 허울뿐이고, 그의 직업과 직함 세리장은 허상이며,
그의 부유함 역시 허탄한 것이다. 마치 앞을 보지 못하는 거지 바디
매오가 "선생님이여 보기를 원하나이다"(막 10:51)라고 그의 소원을
외친 것처럼, 그 역시 '주여, 이 허망한 곳에서 저를 구원해 주십시
오'라고 외치는 마음의 소리가 읽힌다. 출구가 보이지 않는 현실 속
에서 방황하는 불쌍한 영혼이다.

하지만 그의 훌륭한 명함과 이력은 오히려 그를 예수께로 나아가
지 못하게 하는 방해 요소다. 그는 단지 키가 작아서 예수께로 나아
가지 못하는 것만은 아니다. 그를 둘러싼 대중의 혐오와 편견이 그
를 예수께 나아가지 못하게 한다. 앞이 보이지 않는 바디매오는 소리
라도 질렀지만, 그는 그럴 용기와 자신도 없어 보인다. 그를 감싼 외
적 타이틀과 군중들이 오히려 장애가 되는 것이다. 그런데 예수를 만
나고자 하는 열망은 그런 혐오와 편견을 뛰어넘게 한다. 이것은 오
직 예수에게로 가야만 해답이 있다는 확신이 있을 때 가능한 것이다.

그래서 바디매오가 군중의 모든 훼방에도 불구하고 더 소리를 높여 예수를 찾은 것처럼, 삭개오는 돌무화과나무(συκομορέα, 쉬코모레아)에 오르는 방법을 찾았다. 당시 중동의 돌무화과나무는 오르기는 쉽지만 높이가 20미터에 달하는 키가 큰 상록수다. 삭개오는 과연 어디까지 올라갔을까? 체면을 생각했다면 제법 높이 올라갔을 것이다. 아무에게도 들키지 않고 소문의 중심에 있는 예수가 어떤 분인가를 잘 관찰할 수 있다. 유대인들이 기피하는 세리와 함께 밥을 먹었다는 하나님의 아들이 어떤 분일까 충분히 살펴볼 수 있다. 그런데 만일 예수께서 나무에 올라간 자신을 발견했으면 하는 마음이 있었다면, 그는 그리 높이 올라가지 않았을 것이다. 그는 나무에 올라가 있는 키 작은 어른, 우스꽝스러운 자기를 대하는 예수의 태도가 궁금하기도 했을 것이다.

누가는 삭개오의 이야기를 전하면서 성경 그 어디에도 나오지 않는 단어 '세리장'(ἀρχιτελώνης, 아르키텔로네스)이라는 말을 사용한다. 모든 사람의 멸시와 천대를 받는 직업의 우두머리라는 의미다. 하지만 그런 자리라고 쉽게 올라가지는 않았을 것이다. 로마 관원들과의 연줄도 있어야 하고 세금을 더 많이 거두어 내는 비정함과 수완도 있어야 할 것이다. 바로 그렇다! 세리장의 위치를 따내기 위한 그의 치열한 도전과 현실 적응 능력은 예수를 얼굴과 얼굴로 마주하는 도발을 감행하는 용기를 주었을 것이다. 그는 높이 올라가지 않았다. 예수에게 발견되기를 원했다. 어른이면서 어린아이처럼 나무에 올라가 있는 그 어울리지 않고 측은한 모습을, 자신의 현실을 예수가 알아주기를 원했다. 그리고 그 현실에서 나오고 싶었을 것이다.

그의 이런 어린아이와 같은 행위는 예수께서 하나님 나라는 마치 어린아이와 같은 자의 것(눅 18:15-17)이라 하신 놀라운 반전의 실체다. 과연 그의 집에는 예수께서 거하시는 천국의 기적이 나타난다. 예수는 삭개오가 회개하고 불의하게 모은 재물을 되돌려 주며 재산을 가난한 사람들을 위해서 쓴다고 할 때, 구원이 그 집에 임하고 그 역시 아브라함의 자녀, 하나님의 자녀임을 선포하신다. 바로 여기서 우리는 동일한 장소 여리고에서 벌어진 바디매오의 이야기와 차별된 삭개오의 이야기를 읽을 수 있다. 바디매오의 이야기가 어떻게 예수의 제자가 되는가를 보여 준다면, 삭개오의 이야기는 거기서 한발 더 나아가 그 제자가 어떻게 제자 됨을 삶의 현장에서 실천하는지를 보여 준다.

◆ 질문과 나눔 ◆

1. 삭개오는 어떻게 재물과 습관의 안락함에 안주하지 않을 수 있었을까요? 어떻게 자신의 부끄러움과 부족함을 내려놓을 수 있었을까요?

2. 누가는 왜 초대 교회에 회자되던 이 특별한 이야기를 놓치지 않고 자신의 복음서에 기록해 두었을까요?

8. 두 렙 돈으로 전부를 얻은 과부

마가복음 12장
공동체 성경 읽기

$\pi\acute{\alpha}\nu\tau\alpha$(판타, 전부)

 **성경 속 도량형과 화폐의 단위**

성경을 읽다가 만나는 어려운 지점 중 하나가 도량형(度量衡)에 대한 부분이다. 성경의 세계에서만이 아니라, 지금도 도량형은 수치에 밝지 않은 사람에게는 늘 애매하고 모호한 단위다. 도량형은 한 민족의 삶과 정서와도 깊은 연관이 있는 것이기에 지역별 또는 국가별로 사용하는 무게나 길이의 단위가 같을 수 없다. 용어의 다름이야 당연한 일이다. 하지만 요즘같이 글로벌한 세상에서 도량형이 다르다면 그것은 큰 문제다. 서로 의사소통할 수 없기 때문이다. 우리가 성경의 세계로 생생하게 들어가려면 당시의 도량형에 어느 정도 익숙해지고, 그에 대한 감을 잡아야 한다.

누가복음 24장 13절에 보면 '엠마오로 가는 두 제자'라는 유명한 에피소드가 나온다. 여기서 누가복음의 저자는 엠마오로 가는 노정을 "그날에 그들 중 둘이 예루살렘에서 이십오 리 되는 엠마오라 하는 마을로 가면서"라고 설명한다. 예루살렘에서 엠마오까지의 거리가 '이십오 리'라는 것이다. 과연 25리(里)는 얼마만큼의 거리인가? 가늠이 잘되지 않는다. 요즘은 거의 사용하지 않는 거리 단위이기 때문이다. 그런데도 개역개정 성경은 여전히 이 단위를 사용한다. NIV는 '약 7마일'(about seven miles)이라고 현대 미국인이 알 만한 거리 단위를 쓴다. 헬라어 성경은 '스타디우스 헥세콘타'(σταδίους ἑξήκοντα), 즉 '60스타디온'이라고 말한다. 당시 헬라 문화권 사람들이 바로 이해할 수 있는 거리를 보여 주는 것이다. 헬라 사람들이 달리기 경기를 하는 '스타디온'은 약 200미터다. 그들이 읽을 때는 바로 거리를 짐작할 수 있었다. 그러나 60스타디온이나 25리라는 번역은 현대의 우리에게 너무나 낯설다. 이 거리를 요즘의 국제 표준인 미터법으로 환산하면 12킬로미터 정도가 된다. 이렇게 해야 감을 잡을 수 있다. 그렇다. 예루살렘에서 반나절 정도 걸어야 엠마오에 도착할 수 있는 거리다.

도량형만큼 성경의 세계에서 실감 나지 않는 것이 화폐 단위다. 돈이란 그 시절이나 지금이나 최고의 관심사다. 그런데 돈의 가치를 제대로 가늠하지 못하면 돈과 관련된 성경 속 이야기가 제대로 전달되지 않을 수 있다. 신약 시대에는 예수 탄생 이전부터 오랫동안 팔레스타인을 지배하며 영향을 끼쳤던 고대 그리스 제국과 당시 지배자인 로마 제국 그리고 그 땅에 살던 유대 민족의 문화와 문명이 뒤섞여 있었다. 이것을 극명하게 보여 주는 것이 요한복음 19장

19-20절이다.

"빌라도가 패를 써서 십자가 위에 붙이니 나사렛 예수 유대인의 왕이라 … 많은 유대인이 이 패를 읽는데 히브리와 로마와 헬라 말로 기록되었더라."

그 유명한 예수의 십자가 위에 붙어 있는 글자 INRI (Iesus Nazarenus Rex Iudaeorum)가 히브리어(아람어), 로마어(라틴어), 헬라어(그리스어)로 쓰였다는 것이다.

이런 연유로 신약 시대에는 화폐도 헬라의 화폐, 로마의 화폐 그리고 유대의 화폐가 동시에 통용되었고, 환전을 위해서는 그 가치와 단위도 잘 알고 있어야만 했다. 이런 감이 없을 때 성서의 세계에서 말하는 메시지의 정확성이 떨어질 수 있다. 예를 들어, 교회학교의 '달란트' 행사에서 어린 학생들이 성경을 암송하고 친구를 전도해서 모은 '달란트'에 익숙해지다 보면, 달란트 비유(마 25:14-30)에서 한 달란트 받은 사람이 그것을 땅속에 묻는 행동에 공감할 수 있다.

'까짓거 그 동전 한 닢 땅속에 묻지 뭐! 나는 그저 달랑 한 달란트나 받고….'

그러나 한 달란트가 금화를 말한다면 6천 데나리온이나 된다. 포도원 품꾼의 비유(마 20:1-16)를 보면, 한 데나리온은 노동자의 하루 일당에 해당한다. 그렇다면 한 달란트는 노동자가 약 16년간 일해야 벌 수 있는 돈이다. 그 많은 돈을 가지고 사업을 하거나 투자하지 않고 고스란히 땅속에 묻어 둔다면 기가 막힐 일이다. 그런 일을 한 사람은 그가 누구든 욕을 먹어도 할 말이 없을 것이다. 달란트 비유에서 화폐의 가치가 주는 뉘앙스가 그렇다. 그 돈의 가치를 알 때 그 비유를 더 잘 이해할 수 있다.

두 렙돈, 가난한 과부의 전부

마가복음 12장 41절 이하를 보면 한 가난한 과부가 성전에 드리는 헌금에 관한 이야기가 나온다. 이 이야기에 앞서 마가복음 12장 35절은 예수께서 이미 성전에 계시고, 그곳에서 가르치고 계셨다고 전한다. 41절까지 이야기의 배경이 바뀌지 않는 것을 보아 여전히 성전에서 벌어지고 있는 일이다. 예수께서는 성전의 헌금함 맞은편에 앉아 계시면서 헌금하는 사람들을 물끄러미 쳐다보신다. 고대의 성전은 예루살렘 성전뿐만이 아니라 이교도의 성전에도 헌금함이 있어, 사람들이 자신의 신앙을 보이기 위해 또한 성전의 필요와 운영을 위해 기꺼이 헌금과 기부를 했다. 예루살렘 성전에도 하나님께 드리는 희생 제물과 제사만 있었던 것은 아니다. 미쉬나에 의하면 트럼펫 모양으로 생긴 열세 개의 헌금함이 성전의 안뜰에 있었다. 이곳은 이방인의 출입은 금지되었지만, 유대인 여자에게는 출입이 허용되어 '여인의 뜰'이라고도 불렸다.

이스라엘의 모든 남자에게 의무로 부과하던 반 세겔의 성전세를 비롯한 각종 헌금은 모두 성전 금고에 보관되었다. 주후 66년에 발발한 유대와 로마의 전쟁 기록을 보면 이 전쟁이 촉발된 여러 가지 원인이 있지만, 가장 큰 원인은 로마가 성전 금고에 보관된 헌금 17달란트를 갈취하려는 데 있었다. 예루살렘 성전에 설치된 열세 개의 헌금함은 트럼펫 모양으로 투입구가 넓게 만들어져 많은 헌금을 받아들일 수 있는 구조였다. 그리고 그런 구조는 헌금한 동전의 종류와 수량까지도 소리의 공명을 통해 어느 정도 알 수 있었다고 한다.

당시의 돈이라는 것이 구리, 놋쇠, 청동, 은 그리고 금으로 만든 동전이어서 '돈'이라는 말로 번역되는 '칼코스'(χαλκός)의 원뜻은 '쇠붙이'라는 뜻에 가깝다. 그래서 많은 돈을 헌금하면 다양한 금속이 서로 부딪치며 트럼펫 모양의 헌금함으로부터 청아한 소리가 크게 들려 여러 사람이 들을 수 있었다. 이러한 헌금함의 형태는 많은 헌금을 유도할 수 있는(?) 구조다. 그러므로 예수께서 부자들이 헌금함에 돈을 많이 넣는 것과 과부가 단지 동전 두 닢을 넣는다는 것을 아셨다고 할 때(막 12:41-42), 투시력을 발휘하셨다기보다 당시 헌금함의 구조로부터 나는 소리를 듣고 말씀하셨다고 추측할 수 있다.

그런데 예수께서는 과부가 두 렙돈을 헌금한 것만 알고 계신 것이 아니라, 그녀가 과부이며 가난하다는 사실과 더불어 그녀가 가진 전부를 헌금한 사실까지 간파하신다. 그녀가 과부이며 가난하다는 것은 의복을 통해서 알 수 있다. 더구나 그녀의 남루한 행색은 단번에 그녀의 삶이 녹록지 않음도 짐작할 수 있게 한다. 굳이 구약성경과 신약 시대의 상황을 떠올리지 않더라도 남편이 먼저 죽으면

남겨진 아내는 경제적, 사회적 그리고 법적인 문제가 발생한다. 그것은 오늘날도 어느 정도 비슷하다.

이러한 맥락에서 구약성경은 공동체가 돌보아야 할 사회적 약자에 과부, 고아, 나그네를 언급한다. 시내산에서 이스라엘은 과부나 고아를 괴롭히지 말라는 명령을 받았고(출 22:22), 하나님께서는 고아와 과부 그리고 나그네/이방인을 위해서 정의를 행하시는 분이다(신 10:18). 과부와 고아 그리고 나그네/이방인은 십일조의 수혜 대상이기도 하다(신 14:28-29). 이러한 전통은 신약의 교회에도 이어져 특히 과부에 대한 돌봄이 강화된다. 초기 교회는 과부에 대한 구제를 중요하게 생각했고(행 6:1), 과부를 존중했을 뿐 아니라 특별히 과부의 명부를 만들어 관리하기까지 했다(딤전 5:3-10). 그만큼 그들의 처지를 이해하고 공감했다는 의미다.

가난한 과부는 헌금함에 두 렙돈을 정성스레 넣는다. 하지만 헌금함의 구조는 그녀가 얼마를 헌금했는지 주변 사람들에게 알려 준다. 청동으로 만들어진 아주 작은 동전 렙돈은 트럼펫의 관을 통해서 가벼운 금속성 소리를 울렸을 것이다. 부자가 많은 헌금을 과시하듯이 헌금함에 넣을 때 '누가 저렇게 많은 헌금을 낼까?'라고 생각하며 돌아보던 사람들이, 이번에는 다시 경박(輕薄)한 소리에 고개를 돌리며 누가 그렇게 적은 헌금을 했는가 돌아보았을 것이다. 적은 헌금을 드린 그 과부는 부끄러웠을까? 그리고 귀 밝은 사람들은 얼굴을 찌푸리며 마뜩잖은 표정으로 그녀를 바라보았을까?

사실 그녀가 헌금함에 넣은 동전은 헌금할 수 없는 것이다. '렙돈’(λεπτόν)은 고대 그리스 시대로부터 지금까지 통용되는 그리스, 즉 헬라의 동전이다. 누가복음 15장 8절에 나오는 ‘드라크마’(δραχμή) 역시 헬라의 화폐 단위다. 드라크마는 은화다. 이렇게 당시에는 유대의 동전, 헬라의 동전, 로마의 동전이 동시에 통용되는 시대라 환전과 환율이 중요했다. 그래서 마가는 독자를 위해 과부가 헌금한 두 렙돈이 로마의 돈으로 환전하면 한 고드란트(κοδράντης)의 가치라고 알려 준다. 이런 이유로 성전 ‘이방인의 뜰’에는 당시 통용되는 로마나 헬라의 화폐를 두로에서 주조한 세겔로 바꿔 주는 환전상이 있었다(마 21:12-13).

그렇다면 과부는 왜 헬라의 동전을 환전하지 않고 그대로 헌금했을까? 이것은 렙돈의 가치를 안다면 어느 정도 해결할 수 있다. 노동자의 하루 일당인 로마 화폐 ‘데나리온’(δηνάριον)을 렙돈으로 바꾸면 100렙돈이 된다. 1렙돈은 현재 화폐 가치로 약 500원에서 1,000원 정도에 불과하다. 지금도 그렇지만 그때도 이렇게 적은 돈은 환전해 주지 않았다. 그녀는 환전할 정도의 돈이 없었다. 예수의 말대로 그가 가진 전부가 ‘두 렙돈’이었다(막 12:44). 당시 일용할 양식인 세 끼의 빵을 사려면 약 12분의 1 데나리온, 최소 10렙돈 정도가 필요했다. 2렙돈이라면 빵 한 조각을 겨우 살 수 있는 돈이다. 그런데 그것이 그날 먹고살아야 하는 그 과부의 생계(βίος, 비오스) 전부다. 하루에 한 끼를 겨우 먹고사는 가난한 과부는 왜 그 한 끼를 포기하고 그것을 하나님께 바칠 생각을 했던 것일까?

하루 한 끼 벌어서 겨우 먹고사는 이 과부의 사정을 살펴볼 때,

이 과부는 하나님께 제물을 사서 제사를 드릴 형편이 되지 못한다. 또한 헌금할 수 있는 돈도 없다. 이 과부가 만일 하나님께 무엇인가 드리기를 원한다면 그녀에게는 오직 한 가지 방법밖에 없다. 금식하는 것이다! 하루 굶어서 그것을 드리는 수밖에 없는 것이다. 비록 환전할 수조차 없는 적은 돈이고 이방인의 돈이지만, 그렇게 할 수밖에 없는 자신의 처지와 심정을 오직 하나님만이 아시리라는 믿음과 사랑이 없다면 불가능한 일이다. 과부의 이런 삶과 헌금의 의미를 아시는 예수께서는 이 과부를 칭찬하신다.

"이 가난한 과부는 헌금함에 넣는 모든 사람보다 많이 넣었도다"(막 12:43).

정말 하나님은 우리의 외모를 보시는 분이 아니라 마음의 중심을 보시는 분이다(삼상 16:7).

9. 기억을 기록으로 남긴 요한 마가

마가복음 14장
공동체 성경 읽기

ἀνάμνησις(아남네시스, 기억)

 요한 마가는 누구인가

신약성경의 배경이 되는 로마 제국 시대에 마가, 즉 마르쿠스(Markus)라는 이름은 '대장장이의 망치'라는 뜻을 가진 매우 흔한 남자 이름이다. 신약성경에도 이 이름은 곳곳에 나타난다. 바울은 빌레몬에게 보내는 개인 편지 끝자락에 "나의 동역자 마가[가] … 문안하느니라"(몬 1:24)라고 적었다. 초기 기독교에서 바울과 함께 동역한 마가라는 인물이 있었다는 말이다. 이 이름은 골로새서에서도 발견된다. 소아시아의 골로새로 보내는 편지에서 바울은 바나바의 조카인 마가를 언급한다(골 4:10). 골로새서의 마가는 빌레몬서보다 구체적인 정보가 있어 그가 누구인지 짐작할 수 있게 한다. 하지만 마가, 마르쿠스라고 해서 다 같은 인물은 아니다.

당시뿐만 아니라 지금도 같은 이름을 가진 사람은 많다. 그럼에도 동시대를 사는 사람들은 이름이 같다고 해서 동일인으로 착각하지 않는다. 하지만 성경을 읽을 때 많은 사람이 쉽게 저지르는 착각은, 놀랍게도 이름이 같으면 무조건 같은 사람으로 보는 '동명일인'(同名一人)의 맹목(盲目)이 있다는 것이다. 물론 그것은 제일 편하고 쉬운 방법이다. 그렇게만 된다면 얼마나 좋겠는가! 반면에 가장 어려운 방법은 이름이 같더라도 일단 다른 사람인 '동명이인'(同名異人)으로 접근하는 것이다. 골로새서 4장 10절은 단순히 이름만 전해 주지 않고 친족 관계를 부연(敷衍)하여 어떤 마가인지를 밝힌다. 이 마가는 다른 마가가 아니라 바로 바나바의 '조카'인 마가로 볼 수 있다.

바나바의 조카인 마가라면 할 이야기가 많다. 이 사람은 요한 마가라고도 불리며, 그의 어머니는 마리아로 알려져 있다(행 12:12). 요한 마가라는 이름은 바울이 히브리식 이름으로 사울, 로마식 이름으로 바울이라고 불리는 것처럼, 이 마가도 히브리식으로는 요한, 로마식으로는 마가라고 이중적으로 불렸다는 말이다. 당시 그레코-로만 문화에서 이처럼 각각의 문화를 대표하는 이름을 하나씩 가지고 있는 것은 그리 이상한 일이 아니었다. 영어권에 사는 사람이 한국식 이름과 서양식 이름을 동시에 갖는 것과 비슷하다. 요한 마가의 경우에도 히브리 문화권이나 집에서는 '요하난'이라는 히브리식 이름을 당시 발음으로 표현한 '요한'으로, 집 밖이나 다문화 환경에서는 마가(마르쿠스)로 불렸다는 말이다. 신약의 세계는 그만큼 다문화, 다언어 사회였다. 팔레스타인을 차례로 지배했던 페르시아, 그리스, 로마의 영향이 있었고 히브리적 전통도 준수되었다.

골로새서에서 말하는 요한 마가는 의심의 여지 없이 예루살렘 출신으로 사도행전에 나오는 바로 그 마가일 것이다. 이 마가는 바나바 그리고 바울과 함께 소위 '바울의 1차 전도 여행'을 함께한 동반자다(행 13:4-14:28). 안디옥교회의 지도자였던 바나바는 회심한 바울을 길리기아의 다소에서 데려와 안디옥교회에서 동역했을 뿐 아니라, 다시 바울과 함께 안디옥교회의 파송 선교사가 된다. 이때 바나바는 자신의 조카인 마가를 동반한다. 이 전도 여행은 먼저 바나바의 연고지인 구브로(Κύπρος, 사이프러스)로 향한다. 이때 마가는 구브로까지는 동행했으나, 당시 아시아의 밤빌리아(Παμφυλίας, 팜필리아)에 있는 버가(Πέργη, 페르게)에 이르렀을 때 돌연히 전도 여행을 중단하고 예루살렘으로 돌아간다. 마가의 이 우발적인 행동에 대해서는 의견이 분분(紛紛)하다.

요한 마가는 생각보다 선교 일정이 길어지는 것에 대한 두려움이 있었을 수도 있다. 구브로라면 삼촌인 바나바가 살던 동네요, 왕래가 있었던 익숙한 지역일 수 있으며 단일한 선교지다. 그러나 소아시아 내륙으로 들어간다는 것은 또 다른 문제다. 곳곳에 성향이 다른 여러 도시가 널려 있고, 더 깊숙이 들어간다면 야만의 땅으로 치부되던 갈라디아도 있다(갈 3:1 참조). 아니면 전도 여행 중에 그 리더십이 삼촌인 바나바에게서 바울로 넘어가는 것에 분개했을 수도 있다(행 13:7→행 13:9, 13, 16 비교). 그것도 아니라면, 마지막으로 가장 많이 회자(膾炙)되는 것처럼 부잣집 도련님(?)인 마가가 어렵고 힘든 전도 여행을 견디지 못하고 향수병이 도져 중간에 선교를 포기했다는 것이다. 그러나 사실 우리는 요한 마가가 왜 전도 여행 중에 갑자기 예루살렘의 집으로 돌아갔는지 정확히 알 수 없다. 다만 2차 전도 여행에서 다시 요한 마가를 여행에 동반하자는 바나바의 제안을 단호히 거절한 바울을 통해, 마지막 이유 때문이 아니었을까 짐작할 따름이다(행 15:37-38).

사도행전의 시작은 최초의 교회에 관한 사실을 알려 준다. 예루살렘에 설립된 최초의 교회는 어떤 다락방(?), 더 정확히는 2층에서 시작되었다고 전한다. 이 집의 규모는 120명 정도를 수용할 수 있는 크기이며(행 1:13, 15), 사도행전 12장 12절은 이 집이 요한 마가의 어머니 마리아의 소유이며 여기에서 최초의 교회가 설립되었다고 말한다. 이런 이유에서 이 집은 '마가의 다락방'으로 알려졌다. 이 집에서 당시 형제와 자매라고 불리던 교회의 멤버들이 함께 모여 수시로 기도하고 예배를 드렸다. 바로 이 집에서 만찬이 행해지고 성령의 강림이 일어났다. 그래서 부조를 위해 예루살렘을 방문했던 바나바와 바울은 요한 마가를 데리고 안디옥으로 오게 된 것이다(행 12:25).

 유약한 도련님에서 유익한 일꾼이 되기까지

부잣집 도련님 요한 마가를 짐작할 수 있는 곳은 또 있다. 바로 마가복음이다. 마가복음은 복음서 중 순서로는 말째일 뿐만 아니라, 그 내용과 구조가 간단하여 홀대를 받던 역사가 있다. 심지

어 마가복음은 마태복음의 '요약본'이라는 오명까지 뒤집어썼던 적도 있다. 그러나 비교적 최근의 연구는 그런 오해를 모두 불식(拂拭)시킨다. 오히려 마가복음이 마태복음과 누가복음의 대본(source)이라는 것이 학계의 정설이다. 마가가 마태복음을 보고 쓴 것이 아니라, 마태가 마가복음을 읽고 쓴 것이라는 말이다. 이런 연구의 대전환은 마가복음에 대한 새로운 연구 결과를 봇물처럼 쏟아 냈다. "마가복음은 신데렐라가 되었다"라는 표현이 바로 이런 변화를 극적으로 표현한다.

신약성경의 처음에 배열된 복음서를 연구할 때 중요한 것은 복음서의 저자가 누구인가를 추정하는 일이다. 서신서의 경우에는 저자가 명기되어 있다. 바울 서신이라고 부르는 편지들 안에는 발신자가 바울이라는 표식이 들어 있다. 그러나 이렇게 저자의 이름이 들어 있는 서신서와는 달리, 복음서에는 저자의 이름이 명기되어 있지 않다. 이런 이유로 복음서의 저자를 추정하고 윤곽을 잡는 것은 쉬운 일이 아니다. 복음서의 저자 문제는 후대에 붙인 복음서의 제목에서부터 그 흔적을 찾을 수 있다. 복음서의 영어 제목으로 예를 들면, 마태복음의 경우 책의 제목이 'The Gospel of Matthew'가 아니라 'The Gospel according to Matthew'다. 이런 표현은 어느 정도 친저성(親著性)을 유보하는 뉘앙스다. 그럼에도 복음서 안에 있는 표현과 특징을 통해서 저자를 발굴해 내는 것은 복음서 연구자의 몫이기도 하다.

마태복음의 경우 다른 복음서와 달리 예수의 제자 중에 마태라는 인물을 특히 부각하는 장면에서 저자를 유추한다. 소위 예수께서 제자를 부르시는 제자 소명 에피소드를 비교해 보면, 마가복음과 누가복음은 세리 '레위'의 소명 에피소드로 그려 낸다(막 2:13-17; 눅 5:27-32). 그런데 유독 마태복음만이 그 이야기를 세리 '마태'의 소명 에피소드라고 말한다(마 9:9-13). 마태 자신의 이야기임을 강하게 시사하는 것이다. 마가복음의 경우 저자를 발굴하는 지점이 마가복음 14장 51-52절이다. 이 부분은 해석이 어렵고 불가사의하기로 유명하다. 그러나 많은 복음서 연구자는 이 부분을 마가복음의 저자가 등장한 장면으로 본다. 마치 유명 영화감독들이 자신의 영화에 까메오로 깜짝 출연하듯이 말이다.

마가복음 14장 51-52절은 여러 면에서 의아하고 의도적이다. 이런 이유에서 이 에피소드는 마태나 누가복음에서는 찾아볼 수 없다. 겟세마네 동산에서 예수가 체포될 때 그 곁에 있었으면서, 예수를 체포한 자들에게 붙잡히자 자신의 옷이 벗겨지는 수모를 무릅쓰고 벗은 몸으로 그 자리에서 도망친 청년! 이 청년은 과연 누구인가? 이 청년의 정체에 대한 많은 논의와 주장에도 불구하고 모두 다 정확하지는 않다. 그러나 이 젊은이가 마가복음의 저자일 것이라는 함의(含意)는 있다. 옷이 벗겨지는데도 도망가야 하는 위급함과 절박함, 더구나 그 자리는 예수를 부인하고 외면하는 자리다. 만일 이것이 마가복음의 저자에 관한 삽화(插畵)라면, 어느 저자가 그 부끄러운 자리에 자기를 끼워 넣고 싶겠는가.

마가복음의 저자는 특히 옷이 벗겨지는 찰나의 장면에서 두 번이나 반복되어 나오는 옷감 '신돈'(σινδών)을 통해 어느 정도 자신을 노출한다. 이 신돈은 아쉽게도 한글 성경이 '베 홑이불'로 잘못 번역하여 이 장면을 잘 이해하지 못하게 가로막는다. 베 홑이불이라기보다는 가운에 가까운, 아주 곱고 부드러우며 가벼운 고급 천이다. 여인들이 얼굴을 가리는 베일에 사용하거나 장례 때 시신을 감는 재료로 주로 쓰인다. 어찌 보면 죽을 때 한 번 걸치는 옷감일 수도 있다. 그런 옷감으로 가운을 만들어 입었다는 것은 그 부(富)를 어느 정도 짐작게 하는 표현이다. 예수를 믿으면서 예수의 제자들과 관계가 있고, 또 예루살렘에 120명이나 모일 수 있는 대저택을 소유한 부유한 집이라면 과연 어떤 집일까? 무엇보다 값비싼 옷을 입고 다닐 수 있는 청년이 있는 집이라면, 우리가 짐작하는 그 집이 아닐까?

2세기 초 소아시아 히에라폴리스의 주교이면서 저술가인 파피아스(Papias)는 마가복음의 저자를 베드로의 통역사이면서 제자였던 요한 마가라고 전한다(벧전 5:13 참조). 그리고 이 주장을 초기 기독교의 역사가인 유세비우스(Eusebius)도 이어받아 그의 《교회사》(Ἐκκλησιαστικὴ ἱστορία)에 남긴다. 교회의 전승은 마가복음의 저자를 예루살렘에 살았던 마리아의 아들, 바나바의 조카 그리고 초기 기독교의 선교사였던 요한 마가로 돌린다.

그렇다면 요한 마가는 왜 자신의 부끄러운 모습을 자신의 복음서에 박제하듯이 남겼을까? 그의 부끄러운 모습은 성결하게 되었을까? 요한 마가는 부잣집 도련님(?)답게 고급 브랜드의 옷을 입고 다니는 청년이었다(막 14:51-52). 그는 오랜 기간 진행되는 춥고 고달픈 전도 여행을 완주하지도 못했다(행 13:13). 그의 불성실하고 무책

임한 태도는 초기 기독교의 탁월한 전도자요, 설교자인 바나바와
바울을 심하게 다투게 하고 결국 결별하게 만들었다(행 15:37-39). 이
후 예수가 체포되는 현장에서 자신의 살길을 찾겠다고 값비싼 옷이
벗겨지는 것도 아랑곳하지 않고 탈출한 이 청년은 결국 어떻게 되
었을까? 바울은 그의 말년에 쓴 편지에서 마가를 언급한다.

"네가 올 때에 마가를 데리고 오라 그가 나의 일에 유익하니라"(딤후 4:11).

그렇다. 마가는 선교 중에 바울과 함께 투옥되어 감옥에 있었을
뿐만 아니라(골 4:10), 바울이 신뢰하며 추천하는 동역자가 되었다.
그의 머리에는 얼굴이 화끈 달아오르는 부끄러운 화로(火爐)가 아니
라 화관(花冠)이 씌워진 것이다.

1. 전도 여행을 포기하고 예루살렘으로 돌아간 마가처럼, 현실의 고단
   함이나 두려움 때문에 중도에 포기했던 일이 있나요? 그때의 실패
   로 얻은 교훈이 있다면 함께 나누어 보세요.

2. 성실하지 못했던 마가는 결국 유익한 일꾼으로 변화되었습니다. 공
   동체 안에 있는 성실하지 못한 사람을 마가와 같은 유익한 일꾼으로
   변화시키기 위해서는 어떤 노력이 필요할까요?

10. 십자가를 대신 진 구레네 시몬

$\sigma\tau\alpha\nu\rho\acute{o}\varsigma$(스타우로스, 십자가)

 가장 흔한 이름 '시몬'과 하팍스 레고메논 '루포'

신약성경에 '시몬'처럼 자주 등장하는 이름도 드물다. 가장 대표적인 사람은 베드로라는 별명으로 더 잘 알려진 시몬이다. 예수의 제자 중에도 베드로 외에 또 다른 시몬이 있다. 가나나인 시몬(막 3:18)이 그다. 이 가나나인 시몬은 셀롯이라는 시몬이라고도 불리는데(눅 6:15), 가나나라는 말과 셀롯이라는 말은 같은 뜻으로, '열심당'을 의미한다. 1세기 유대교 배경에서 열심당은 개인적 열심을 넘어 정치적 · 종교적 운동으로 번진 조직을 말한다. 다만 성경의 전승 과정에서 예수 당시 유대인의 언어인 아람어에서 유래하면 가나나로, 제국의 일상어인 헬라어에서 유래하면 셀롯으로 불렸을 뿐이다.

예수의 제자 외에도 신약성경에는 여러 시몬이 등장한다. 죄를 지은 여인이 예수의 발에 향유를 붓고 자기 머리털로 닦는 에피소드에 나오는 바리새인 시몬(눅 7:36, 40)이 있다. 이 에피소드의 마가복음 버전에서는 이 시몬이 베다니 나병 환자로 소개된다(막 14:3). 사도행전에도 두 명의 시몬이 나오는데, 사마리아에서 마술을 하던 시몬(행 8:9)과 욥바에서 가죽을 손질하던 무두장이 시몬이 그들이다(행 9:43). 심지어 시몬은 예수의 동생 이름이기도 하고(막 6:3; 마 13:55), 예수의 십자가를 대신 지고 간 사람의 이름이기도 하다(마 27:32; 막 15:21; 눅 23:26).

신약성경에 자주 등장하는 이름 시몬은 레아가 낳은 두 번째 아들 '시므온'(שִׁמְעוֹן, 쉬므온)에서 유래한다(창 29:33). 그 이름의 뜻은 '(하나님께서) 들으셨다'이다. 시므온이라는 이름에 '듣다'(שָׁמַע, 샤마)라는 의미가 고스란히 들어 있다. 히브리어나 헬라어에서 '듣다'라는 말은 중의적으로 '순종하다'라는 의미도 지닌다. 이는 우리말도 마찬가지다. '말을 듣다'라는 표현은 '순종하다'라는 뜻과 같다. 이렇게 볼 때 시몬이라는 이름은 하나님께서 우리의 음성과 탄식을 들으시고, 우리는 하나님의 말씀을 듣고 그 말씀에 순종한다는 아주 좋은 의미를 담고 있다. 이 이름이 신약성경에 그토록 많이 나타나는 이유 중 하나일 것이다.

반면 신약성경에는 딱 한 번만 나오는 이름이나 용어도 있다. 이런 단어를 전문 용어로 '하팍스 레고메논'(Hapax legomenon)이라 한다. 하팍스 레고메논은 단 한 번만 등장하기에 해석이 쉽지 않다. 비교하거나 추론할 근거가 빈약하기 때문이다. 주목받는 이름 중 하나가 '루포'(Ροῦφος, 루포스)다. 사실 루포라는 이름이 한 번만 나오는 것은 아니다. 마가복음 15장 21절과 로마서 16장 13절에 각각 나오는데, 이 두 루포가 동일인인지 여부가 성경 연구에서 중요하게 다루어진다. 루포는 라틴어식 이름으로 당시 세계에 흔한 이름이었으며 '빨강 머리'(Rufus, 루푸스)라는 뜻이다.

 ## 예수와 시몬의 우연한 만남

두 루포가 동일인인지 아닌지가 주목받는 이유는 루포를 감싸고 있는 문맥(context)이 예사롭지 않기 때문이다. 로마서에서 루포는 '주 안에서 선택된 자'라는 수식어로 불린다. 이는 이목(耳目)을 끄는 표현으로, 어떤 특별한 역할과 사명을 위해 선택되었다는 뉘앙스가 강하다. 그뿐만 아니라 바울은 루포의 어머니를 '나의 어머니'라고 부른다. 대단한 존경과 애정이 깃든 표현이 아닐 수 없다. 루포의 가족은 왜 이렇게 특별한가? 그 수수께끼는 어디서 풀어야 할까?

마가복음에 등장하는 루포는 구레네 시몬의 아들로 나타난다. 마가는 구레네 시몬에게 알렉산더와 루포라는 두 아들이 있었다고 전한다. 마가는 왜 다른 복음서와 달리 굳이 여기에 구레네 시몬의 아들들의 이름을 명시했을까? 그것은 예수의 시대뿐 아니라 마가의 시대에도 이들이 중요한 비중을 차지했기 때문일 것이다. 여기가 신약성경에서 가장 흔한 이름인 시몬과 하팍스 레고메논에 해당하는 루포가 만나는 교차점이다.

베드로의 아들이라 불리면서(벧전 5:13) 베드로의 통역자로 알려진 마가(파피아스와 유세비우스의 《교회사》)가 베드로와 함께 로마에서 사역했다고 가정할 때, 그는 아마도 로마교회에서 활동하던 구레네 시몬의 가족을 잘 알았을 것이다. 더구나 그 가족의 가장은 예수의 십자가를 대신 지고 간 혁혁(赫赫)한 인물이었다. 이것은 마가복음이 로마교회를 위해 기록된 복음서라는 추정과도 잘 부합한다. 그렇다면 이 가족은 어떻게 로마교회에서 중요한 역할을 맡으며 초기 기독교회의 중요한 신앙의 가족이 되었을까?

그것은 당연히 예수를 위해 십자가를 대신 지고 간 구레네 시몬의 영향일 것이다. 십자가형을 받은 죄수는 자기가 처형당할 곳까지 십자가를 지고 가야만 한다. 보통 사형수는 그곳에서 노끈이나 밧줄로 십자가에 묶여 매달리거나 못 박혀야 한다. 노끈이나 밧줄로 묶이는 경우가 고통이 더 오래 지속된다. 십자가에 못 박히는 경우는 뼈가 으스러지는 고통에 실신하기도 하지만, 이어지는 출혈로 인해 대부분 사망 전에 기절하기 때문에 오히려 덜 고통스러울 수도 있다. 죄수가 자기가 매달릴 십자가를 사형장까지 직접 지고 간다는 것은 그래서 더 큰 공포를 자아낸다.

그런데 예수는 이미 기진하여 사형장까지 자신의 십자가를 지고 갈 힘이 남아 있지 않다. 형 집행을 관장하는 로마 군인은 주어진 시간 안에 이를 완수할 의무가 있다. 그는 마침 눈에 띈 구레네 시몬을

지목하여 예수의 십자가를 강제로 대신 지게 한다. 예수의 십자가 처형 길(via dolorosa, 비아 돌로로사)에서 우연히 예수의 십자가를 진 구 레네 시몬은 누구일까? 공관복음서는 일제히 이 이야기를 싣고 있지만, 정작 그가 누구인지는 정확히 알려 주지 않는다.

구레네 시몬을 추적하려면, 그의 출현을 비교적 많이 설명하는 마가의 단서에서 출발할 수밖에 없다. 마가는 그를 '시골에서 온 구 레네 사람'(Κυρηναῖος, 퀴레나이오스)이라고 부른다. 구레네는 당시 북 아프리카의 도시로 지금의 리비아 동부에 해당한다. 시몬이 구레 네 출신이라는 말은 그가 디아스포라(διασπορά) 유대인으로서 헬 라-로마적 환경 속에 삶의 터전을 잡고 살았던 사람이라는 의미를 내포한다. 이는 그의 두 아들 이름만 보아도 알 수 있다. 알렉산더 (Ἀλέξανδρος, 알렉산드로스)는 대표적인 헬라식 이름이고, 루포는 전형 적인 라틴식 이름이다. 유대 땅에 사는 유대인이 자녀에게 굳이 외 국어 이름을 지어 주지는 않는다. 그렇다고 구레네 시몬이 유대 땅 바깥에 사는 디아스포라인 것도 아니다. 그는 구레네에 살다가 다 시 고국으로 귀환한 디아스포라로 볼 수 있다. 당시 예루살렘에는 구레네 시몬처럼 타국에 살다가 돌아와 정착한 유대인 디아스포라 가 많았다. 그들은 심지어 예루살렘에 자기들만의 고유한 회당도 가지고 있었다(행 6:9). 구레네 시몬은 '구레네'라는 수식과 '시골로 부터 와서'라는 표현에서 유추할 때, 유월절을 맞이해 일시적으로 성지(holy land)를 방문한 방문객은 아니다. 그는 디아스포라 유대인 이었지만, 이제는 귀환하여 정착한 '시골 농부'다.

 대신 진 십자가, 평범함에서 비범함으로

'구레네'라는 말과 '시골로부터 와서'라는 표현이 그 모든 것을 설명해 준다. 구레네는 당시 아람어로 시골 농부나 밭에서 일하는 농부를 뜻하는 '키레나이'나 '키르와이'라는 말과 발음이 매우 유사하다. 그래서 구레네는 다른 한편으로 그의 직업을 표현하는 말로 볼 수도 있다. 하지만 마가가 '시골로부터 와서'를 추가하고 있기에 구레네를 군이 시몬의 직업으로 볼 필요는 없다. 오히려 구레네는 직업보다는 출신을 나타내는 말로 보는 것이 더 적절하다. 즉 그는 구레네에 살다가 유대에 정착한 디아스포라 출신 시골 농부다. 그런 그가 유월절을 맞아 예루살렘에 온 것이다.

그는 예수가 형장으로 가는 길가에 서 있었던 구경꾼에 불과했다. 그런데 그의 건장함을 눈여겨보았던 로마 군인이 그에게 강제로 십자가를 지운 것이다. 예수의 십자가를 대신 지는 것이 가능한 일인가? 그분은 인류의 구속(救贖)을 위해서 십자가를 지신 분이 아닌가? 그런데 그분의 십자가를 사람이 대신 진다니, 아이러니가 아닐 수 없다. 그러나 공관복음서 저자들은 예수의 십자가를 대신 진 구레네 시몬의 이야기를 기록에 남겼고, 마가복음은 그 아들들을 명시하기까지 한다.

예수를 처음부터 세상 죄를 지고 가는 어린양으로 소개하는 제4복음서인 요한복음은 공관복음서와 달리 이 아이러니를 받아들이지 않는다. 요한이 그리는 예수는 끝까지 자기 십자가를 지고 가는 하나님의 어린양(Agnus Dei, 아그누스 데이)이다. 그에게 예수의 십자가를 다른 사람이 지는 일은 있을 수 없다. 제4의 복음서에서는 공관복음서와 달리 예수가 심지어 유월절 전날, 양 잡는 날 십자가에 달리지 않는가(요 19:14)! 그러나 하나님의 일은 예측불허(豫測不許)다. 예수가 져야 하는 십자가까지 나누어서 지는 이해할 수 없는 일이 생기기도 한다.

예수가 손을 내밀 때 과연 그 손을 잡을 자가 누구인가? 예수의 십자가를 대신 져야 할 때 그 십자가를 질 자가 누구인가? 누구나 구레네 시몬처럼 아주 우연한 기회에 예수의 십자가를 대신 져야 할 때가 있을 수 있다. 그것은 구레네 시몬의 이야기처럼 전혀 의도하거나 기대하지 않았을 때 발생할 수 있다. 자기 십자가를 지는 것을 넘어 예수의 십자가까지 함께 져야 할 때도 있는 것이다. 예수의 십자가를 지는 놀라운 사건은 그것이 강제적이든 자발적이든, 자의든 타의든 간에 일회성으로 잊힐 사건이 아니다. 마치 시몬이라는 평범함이 루포라는 비범함으로 전이(轉移)되는 사건과 같다.

1. 시몬이라는 이름에는 하나님께서 '들으셨다'라는 뜻과 우리가 하나님의 말씀에 '순종한다'라는 뜻이 동시에 담겨 있습니다. 최근에 당신의 기도를 하나님께서 듣고 계신다고 느꼈던 적이 있다면 언제인가요? 또한 당신은 하나님의 말씀에 얼마나 민감하게 반응하며 순종하고 있나요?

2. 구레네 시몬은 길가에 서 있다가 로마 군인에 의해 억지로 예수의 십자가를 졌습니다. 당신의 삶에서도 당신의 의지와 상관없이 떠맡게 된 책임이나 고난이 있었나요? 시간이 흐른 뒤 그것이 오히려 당신을 예수께로 인도한 축복이었음을 깨달은 경험이 있다면 나누어 보세요.

11. 하나님 나라를 맛 본 니고데모

βασιλεία τοῦ θεοῦ (바실레이아 투 테우, 하나님 나라)

 ## 밤에 예수를 찾아온 노 지도자

요한복음 3장 1절에 보면, 바리새인 중에 니고데모(Νικόδημος, 니코데모스)라는 사람이 어두운 밤에 예수를 만나러 온다. 성경은 이 사람이 바리새인일 뿐만 아니라 유대인의 지도자라고 소개한다. 이 말은 그가 당시 대제사장과 함께 국정을 의논하는 산헤드린(συνέδριον, 쉬네드리온)이라는 최고 의결 기관의 의원이라는 것을 암시한다. 고대 그리스 철학자 플라톤(Πλάτων, Plato)이 저술한《국가론》(πολιτεία) 16장에서 18장까지를 보면, 정치를 할 수 있는 지도자는 공무원 생활을 한 경험이 약 20년 정도 있어야 한다고 말한다. 거기서 플라톤은 정치를 할 사람은 5년간의 이론 교육과 15년간의 실습 교육을 통해 국가가 양성해야 한다고 한다. 그리고 그런 교육을 받고 공무원에 입직할 적당한 나이는 세상 물정도 알 만한 30세

라고 주장한다. 이런 고대의 정치 철학적 관념에서 볼 때, 한 국가의 정치 지도자는 최소 50세가 넘는 사람이어야 한다는 결론에 이른다.

니고데모가 당시 유대의 정치적·신앙적 지도자였다면 그의 나이는 적어도 50세를 넘겼을 것이다. 요한복음에만 등장하는 니고데모를 소개하는 다른 부분들을 통해서 우리는 이런 사실들을 다시 확인할 수 있다. 요한복음 3장을 여는 예수와의 대화에서 그는 "사람이 늙으면"(요 3:4a)이라고 말하고, 예수를 기소하려는 회의에서는 "우리 율법은 사람의 말을 듣고 그 행한 것을 알기 전에 심판하느냐"(요 7:51)라고 말한다. 이로부터 니고데모가 로마의 위임을 받아 유대 땅 팔레스타인을 자율적으로 통치하던 당시 최고 의결 기관인 산헤드린의 일원일 뿐만 아니라, 하나님의 계명을 일상생활 속에서 문자 그대로 실천하려고 노력해 온 바리새파 출신으로 유대교 신앙에 정통하고 조예가 깊은 노 지도자임을 연상할 수 있다.

또한 니고데모에 대한 이러한 설명은 이 사람이 왜 한밤중에 예수를 찾았는지 단박에 이해하게 한다(요 3:2). 고작 30세 전후의 예수와 비교할 때 니고데모는 예수보다 최소 20년의 나이 차가 있는 사람이다. 당시 평균 수명을 60세로 본다면 고령에 속할 수도 있다. 지금도 그렇지만 나이 든 사람이 젊은 사람에게 모르는 것을 묻는다는 것은 참으로 계면쩍은 일이다. 또한 학식 있고 높은 지위를 가진 사람일수록 평범한 소시민에게 잘 물으려고 하지 않는 습성도 있다. 사람의 성정(性情)이 예나 지금이나 보통 그렇다. 게다가 당시 권력의 중심부에 있는 유대교 신앙의 보수적 지도자가 지금 한참 문제를 일으키며 논란의 중심에 있는 아주 개혁적이고 진보적인 운동권(?)을 만나러 간다. 지금이라도 밤에 몰래 찾아갈 것 같다.

그런데 니고데모는 매우 솔직한 사람으로 보인다. 요한복음 3장 2절에 보면 "하나님이 함께하시지 아니하시면 당신이 행하시는 이 표적을 아무도 할 수 없음이니이다"라고 예수를 평가한다. 그는 자기가 속한 진영과 정파가 아니더라도 만일 그것이 옳고 바른 것이라면 긍정하고 인정할 줄 아는 자세를 가진 사람이다. 자신의 위치와 경륜에도 불구하고 이런 태도를 가진 니고데모가 어떤 사람인지 궁금할 수밖에 없다.

니고데모는 요한복음에만 나오는 인물이며, 니고데모라는 이름은 당시에 유행하던 헬라식 이름이다. 유대인들은 당시 자신들의 일상 언어인 아람어 발음으로 이름을 짓기도 했지만, 헬라식 이름도 선호했다. 거지 맹인으로 잘 알려진 바디매오(Βαρτιμαῖος)도 유대인이지만, 이름은 헬라식이다. 물론 바(Βαρ)는 아람어지만, 디매오(τιμαῖος)는 헬라식 이름으로 티마오(τιμάω)와 테오스(θεός)의 결합이다. 이름의 뜻은 바울의 제자 디모데(Τιμοθέος)와 같이 '하나님을 경외한다'는 뜻이다. 반면 니고데모는 니케(νίκη)와 데모스(δῆμος)의 결합으로 이루어진 이름이다. 굳이 영어식으로 바꾸면 'nike+people'이 되고, 그 뜻은 '민중의 승리, 백성의 승리'다.

 ## 니고데모의 궁극적 관심

니고데모는 왜 그 야심한 시각에 자기보다 20여 살이나 어린 예수를 찾아왔을까? 그것은 아마도 그가 가장 궁금하게 여기고 중요하게 생각하며, 알 것 같으면서도 알 수 없는 것에 대한 의문이 그를 움직였을 것이다. 독일의 신학자 폴 틸리히(Paul Tilich)는 이것을 '궁극적 관심'(ultimate concern)이라고 불렀다. 궁극적 관심이라는 것은 모든 관심의 관심, 무조건적 관심, 마지막 관심에 다름 아니다. 이런 궁금함이 그를 사로잡지 않고서야 니고데모가 예수를 찾을 리 없다.

그렇다면 그 궁극적 관심은 무엇일까? 예수는 니고데모가 미처 입을 떼기도 전에 그가 궁금해하는 것이 무엇인지 아는 듯 말한다. 그것은 하나님 나라에 관한 것이었다(요 3:3). 하나님 나라! 그러나 하나님 나라가 궁극적 관심이라고 할 때 느낌이 잘 오지 않는다. 그만큼 하나님 나라라는 말은 낯설고 어렵다. 그러나 이 하나님 나라를 천국(天國)이나 천당(天堂), 또는 유토피아(utopia)나 파라다이스(paradise)라는 말로 바꾸어 보면 어떤가? 유토피아나 파라다이스, 천국이나 천당을 싫어할 사람은 없을 것이다. 거기에 한번 가 보고 싶다고 생각하지 않은 사람이 있을까? 아니, 나이가 들고 늙으면 누구나 자신의 종말과 그 뒤에 있을 내세(來世)에 대한 생각을 조금은 하지 않을까? 그리고 그 내세를 어느 나라, 어느 민족이나 대개 천국이나 천당, 혹은 유토피아나 파라다이스라고 부르는 것 정도는 알지 않을까? 그런데 예수는 모든 이가 그리는 그런 하나님 나라를 볼 수 있을 뿐 아니라, 그 안에 들어갈 자격이 있는 사람은 중생(重生)한 사람이라고 단언한다.

그렇다. 체면에도 불구하고 늦은 밤 젊은 예수를 찾아온 유대의 늙은 지도자는 '중생이 무엇인가?'라는 질문의 공을 던진 것이다. 하지만 거듭난다는 것은 무슨 의미일까? 아마 이 말을 처음 들은 사람은 도대체 그게 무슨 말이며 무엇을 뜻하는지 짐작조차 하지 못할 것이다. 니고데모 같은 사람마저도 "내가 이렇게 늙었는데 어떻게 다시 태어날 수가 있습니까? 어머니 배 속에 다시 들어갔다가 나오라는 말씀입니까?"라는 뚱딴지같은 소리를 할 수밖에 없다. 나아가 예수는 어리둥절한 니고데모에게 한술 더 떠서 '물과 성령'으로 다시 태어나야 한다는 더 불가사의(不可思議)한 말을 추가한다. 과연 요한복음에서 말하는 '중생'(born again)은 무엇일까?

 ## 페리코페를 통한 성경 해석

성경을 깊이 있게 묵상하고 연구하는 방법 중에 '페리코페'(περικοπή)를 찾는 것이 있다. 페리코페를 찾는다는 것은 성경의 문맥을 잘 파악해야 한다는 뜻이며, 가장 쉽게는 성경의 장·절을 구분한다는 말로 이해할 수도 있다. 1550년대에 발행된 스테파누스(Stephanus)판 성경에서부터 본격적으로 사용된 성경의 장·절은 오

늘날의 성경에까지 영향을 주어 그대로 사용되고 있다. 그러나 종종 내용의 일관성이나 통일성을 벗어나 문단이나 문맥을 제대로 나누지 못한 경우를 볼 수 있다. 예를 들어, 마가복음의 경우 베드로의 신앙 고백과 이어서 나오는 제자도의 주제는 8장 27절에서 시작하여 9장 1절에서 끝난다. 장·절 구분 본연의 목적에 맞으려면 이 단락은 8장 안에서 마무리되어야 한다. 9장 1절에서는 새로운 사건, 새로운 장면이 시작되어야 한다. 그런데 인물, 사건, 주제가 새로 바뀐 소위 '변화산 에피소드'가 9장 1절이 아니라 9장 2절에서부터 시작한다. 장·절이 바뀌었으면서도 9장 1절이 여전히 베드로의 신앙 고백과 제자도에 관한 이야기를 다루기 때문이다.

성경을 읽다 보면 이렇게 장·절 구분이 잘못된 곳을 자주 발견한다. 그래서 최근의 성경은 이런 단점을 보완하고자 'ㅇ' 기호를 사용하여 내용과 문맥의 일관성이 있는 장·절 구분을 다시 해 주고 있다. 눈을 크게 뜨고 잘 보면 이 기호가 보인다! 예를 들어, 베드로의 신앙 고백이 시작하는 마가복음 8장 27절 앞에는 'ㅇ' 기호가 붙어 있다. 그리고 이 기호는 다시 마가복음 9장 2절 앞에 나타난다. 즉 베드로의 신앙 고백과 제자도에 대한 주제를 다루는 단락은 마가복음 8장 27절부터 9장 1절까지라는 것이다. 그리고 바로 이것이 페리코페라는 단위가 된다. 그런데 이 페리코페에는 인접한 단어나 문장, 단락을 통해 구분해 내는 '인접 문맥'(Mikrokontext Perikope)이 있고, 보다 눈을 멀리 두고 앞뒤 문맥뿐만 아니라 해당 성경 전체를 거시적으로 바라보면서 의미를 찾아내는 '원접 문맥'(Makrokontext

Pericope)이 있다.

　원접 문맥을 활용하여 성경을 해석하는 좋은 예를 하나 든다면 마태복음 25장의 종말에 관한 비유에 등장하는 '열 처녀 비유'를 꼽을 수 있다. 신랑을 맞이할 신부의 친구 열 명이 등불과 기름을 준비하며 들러리를 서는 이야기다. 이때 이들이 준비해야 할 기름이 정작 무엇이었는가를 그 본문이 속한 인접 문맥의 페리코페, 즉 25장 1절로부터 13절까지만 읽는다면 알 수 없다. 만약 열 처녀가 준비했어야 할 기름이 무엇인지 인접 문맥의 페리코페에서 찾을 수 없다면, 그 앞뒤를 포함하는 원접 문맥의 페리코페까지 감안해서 읽어야 한다. 이 경우는 열 처녀 비유의 뒷부분인 14절부터 46절, 즉 25장 전체를 보고 판단해야 한다. 마태복음 25장은 열 처녀 비유(25:1-13), 달란트 비유(25:14-30), 양과 염소 비유(25:31-26:1a)가 시리즈로 나온다. 열 처녀 비유가 시작과 도입부라면, 이 비유를 부연하며 설명하고 보충하는 것이 달란트 비유와 양과 염소를 나누는 비유이며, 양과 염소를 나누는 비유가 이 전체 세 가지 비유의 최종 결론이다. 이 세 비유를 모두 연결해서 볼 때 우리는 열 처녀가 준비해야 할 기름이 무엇인지 비로소 깨닫게 된다.

　니고데모 이야기에서 중생이 무엇인가를 살필 때도 마찬가지다. 니고데모의 에피소드는 우리가 사용하는 현재의 성경이 구분해 준 장·절 구분으로는 3장 1절부터 시작하지만, 사실 인접 문맥의 페리코페는 2장 23절에서 시작한다. 이것은 현재의 장·절을 교정한 'ㅇ' 기호를 눈여겨보면 바로 알 수 있다. 따라서 니고데모와 그 중생의 이야기를 감싸는 인접 문맥의 페리코페는 2장 23절부터 3장 15절까지다. 그런데 만일 여기서 중생의 의미를 알 수 없고 해석하지 못하겠다면, 그 앞에 있는 2장과 그 뒤에 있는 4장까지를 포괄하는 원접 문맥을 함께 읽을 필요가 있다. 2장의 시작은 유명한 '가나의 혼인 잔치'고, 4장의 시작은 '사마리아 여인'의 이야기다. 그리고 2장과 4장의 주요 소재는 '물'(水)이다. 이 물은 니고데모가 어머니 모태(母胎)에 들어갔다가 다시 나와야 하는 것이 중생이냐고 반문할 때 예수가 수수께끼처럼 말한 핵심 키워드이기도 하다.

2장과 4장의 중심에는 각각 가나의 혼인 잔치에서 물이 포도주로 변하는 기적의 이야기와 삶의 고독과 갈증 속에서 살아가는 사마리아 여인이 다시는 목마르지 않는 생명수를 발견한 이야기가 있다. 이렇게 요한복음의 2장, 3장 그리고 4장은 물, 물, 물이라는 중요한 메타포를 형성하며 서로 연결되어 있어, 원접 문맥의 페리코페라는 관점에서 하나의 통일성을 찾을 수 있다.

그렇다면 물이 포도주로 변한 사건을 어떻게 이해할 수 있을까? 물과 포도주는 기본적인 구성 성분이 액체라는 점에서는 비슷하지만, 질적으로는 다르다. 마치 어제까지 고집하던 관습이나 신념, 가치관이나 주장을 오늘 전혀 다르게 대하는 사람을 여기에 비교할 수 있다. 어제의 내가 알던 사람이 아닌 생판 다른 사람으로 바뀐, 그래서 그 사람이 어제의 그 사람과 동일한 사람인지 눈을 비비고 다시 봐야 하는 괄목상대(刮目相對)를 생각해 볼 수도 있다. 4장에 나오는 사마리아 여인의 경우도 그렇다. "가서 네 남편을 불러오라!"

라는 예수의 명령이 대화의 물꼬를 트는 계기가 된다. 사마리아 여인은 그녀의 은밀한 치부를 들춰내는 예수의 명령 앞에 솔직했고 순종했다. 요한은 중생이란 바로 이런 것이라고 우리에게 포괄적으로 말한다.

이렇게 니고데모가 던진 궁극적 관심에 관한 질문은 원접 문맥을 통해 그 실마리가 풀린다. 니고데모는 자신의 궁극적 관심 앞에서 체면을 내려놓을 줄 알았고, 자신의 반대편에 있는 사람에게서 나타나는 하나님의 역사를 인정했다. 그것은 그의 지식, 경험 그리고 지위와는 별개로 그가 하나님 앞에 솔직한(honest to God) 사람이라는 것을 말해 준다.

12. 새 인생을 선물 받은 사마리아 여인

δῶρον(도론, 선물)

공관복음서와 요한복음

정경(正經, Canon)에는 예수의 이야기를 전하는 네 개의 복음서가 있다. 이렇게 말하는 이유는, 소위 외경(外經, Apocrypha)에는 더 많은 예수의 이야기가 있기 때문이다. 예를 들어, '베드로 복음서', 막달라 마리아에게서 유래한 '마리아 복음서' 그리고 '도마 복음서' 등 다양한 복음서가 존재한다. 외경의 많은 예수 이야기는 차치하고라도, 정경은 왜 같으면서도 다른 네 개의 복음서를 채택했을까? 그것은 복음서들이 모여 입체적으로 재현(再現)하는 예수의 모습을 포기할 수 없었기 때문이다. 앞에서 보는 예수, 옆에서 보는 예수, 뒤에서 보는 예수의 모습이 다를 수밖에 없다. 그래서 정경 안에 들어 있는 네 복음서는 서로의 다름을 인정한다. 성경에는 이처럼 다양성 속에서 일치를 추구하는 '다일'(多一)의 정신이 담겨 있다.

흔히 공관복음서(共觀福音書)라 불리는 마태, 마가, 누가가 전한 복음서는 예수를 바라보는 관점이 비슷하다고 해서 공관(共觀, Synoptic)이라는 카테고리 안에 묶어 함께 다룬다. 하지만 요한복음은 공관복음서에서 제외되었다는 의미에서 '제4의 복음서'라고 부르며 별개(別個)로 보기도 한다. 그래서 이 네 번째 복음서는 언제나 공관복음서와의 관련성을 따지는 질문 앞에 서 있다. 제4의 복음서를 기록한 저자는 공관복음서의 내용을 알고 있는가, 모르고 있는가? 알면서 다른 이야기를 하는 것인가, 아니면 모르기 때문에 다른 이야기를 하는 것인가?

실제로 요한복음에는 공관복음서와 내용이 다른 것도 있고, 모든 공관복음서가 들려주는 중요한 이야기가 생략되어 있기도 하다. 예수께서 제자들과 나눈 마지막 유월절 식사인 '최후의 만찬'만 해도 그렇다. 요한복음에는 교회의 중요한 성례로 자리 잡은 성만찬 전승이 나오지 않는다. 대신 다소 뜬금없는(?) 세족식이 부각된다. 요한이 본 예수는 제자들과 보내는 마지막 밤에 세족식을 더 중요하게 여겼다는 의미로 보인다. 예수가 십자가에 못 박혀 처형당한 날짜는 어떤가? 요한은 이 중요한 날짜마저도 공관복음서와 달리 표기하는 것을 주저하지 않는다.

공관복음서의 전통에 따르면 예수가 십자가에 못 박힌 날은 유월절이다. 유대인의 달력으로 하면 니산월(Nisan) 15일, 즉 유월절의 시작일인 무교절 첫날이다. 반면에 요한복음은 예수가 니산월 14일, 즉 유월절 전날 십자가에 달려 죽었다고 전한다. 물론 이런 차이는 서로 다른 달력을 사용했다거나 태양력과 태음력의 차이라거나 신학적 관점이 다르다는 등 여러 가지로 해명할 수 있다. 그러나 그렇다고 하더라도 요한이 공관복음서를 알았다면 굳이 다른 표기를 할 필요가 있었을까? 아니면 그는 공관복음서의 착각을 바로잡고 교정하려고 그렇게 한 것일까? 그것도 아니라면 그만이 말하고 싶은 무엇인가 특별하고 고유한 것이 있었던 것일까?

 ## 예수와 사마리아 여인의 대화

요한복음 4장의 '예수와 사마리아 여인의 대화'도 그렇다. 공관복음서는 이 에피소드와 관련해서 일제히 침묵한다. 하지만 요한은 예수가 사마리아에 있는 야곱의 우물가에서 사마리아 여인과 대화하셨다고 전한다. 사실 당시 유대인이 사마리아인과, 더구나 사마리아 여인과 대화하는 것은 있을 수 없는 일이었다. 물론 예수는 언제나 파격(破格)적인 행동을 하셨지만, 1세기 팔레스타인의 풍습을 전하는 유대인 역사가 플라비우스 요세푸스나 탈무드에 따르면, 유대인은 사마리아인과 상종하지 않을 뿐만 아니라 심지어 적대감마저도 있었다. 이는 예수의 유명한 비유인 '착한 사마리아 사람'에서도 확인할 수 있다(눅 10:30-37). 예수께서 비유를 마친 후 "네 생각에는 이 세 사람 중에 누가 강도 만난 자의 이웃이 되겠느냐"(눅 10:36)라고 물으며 1번 제사장, 2번 레위인, 3번 사마리아인이라

고 보기를 드셨지만, 율법 교사는 결코 3번 사마리아인이라고 말하지 않는다. 대신 보기에도 없는 "자비를 베푼 자니이다"(눅 10:37)라고 말한다. 사마리아라는 말조차 입에 올리고 싶지 않다는 것이다.

사마리아는 왜 이렇게 유대인들로부터 멸시받는 처지가 되었을까? 유대인과 사마리아인의 반목과 갈등은 사실 오랜 역사의 산물이다. 기원전 722년, 사마리아에 수도를 둔 북이스라엘은 고대 근동의 강대국 앗수르(Assyria, 아시리아)에 의해 멸망당했다. 이후 앗수르는 이스라엘 주민 일부를 다른 곳에 이주시킨 뒤 그곳에 이민족을 정착시키는 혼혈 정책을 폈다(왕하 17:24-41). 그 결과 남왕국 유대인의 눈에는 그들이 순수한 유대인으로 보일 리 없었다. 하지만 사마리아인은 모세가 전한 하나님의 계시가 자신들이 보존해 온 '사마리아 오경'에 있으며, 오히려 자신들이 하나님의 약속을 상속한 참 이스라엘이라고 여겼다. 그래서 하나님을 예배하는 곳도 하나님이 축복을 선언하신 사마리아의 그리심산이라고 믿었다(신 11:29).

이런 맥락에서 요한복음 4장 9절의 "이는 유대인이 사마리아인과 상종하지 아니함이러라"라는 표현은 당시 유대인과 사마리아인의 관계를 정확히 보여 준다. 이 구절을 직역하면 '유대인과 사마리아인은 물건을 같이 쓰지 않는다'(οὐ γὰρ συγχρῶνται Ἰουδαῖοι Σαμαρείταις, 우 가르 쓍크론타이 유다이오이 사마레이타이스)라는 말이다. 즉 유대인은 사마리아인과 같은 두레박의 물조차 마시지 않는다는 뜻이다. 게다가 사마리아인은 이방인 취급을 받았으므로 그들과의 접촉은 정결법에 저촉될 수 있었다. 만일 정결법을 어기면 하루 종

일 아무 일도 하지 못하고 해가 질 때까지 목욕하며 기다려야 했다
(레 17:15; 민 19:7-8). 그런데도 예수는 아무렇지도 않게 사마리아 여인
에게 물을 청한다.

"나에게 마실 것을 좀 주세요"(요 4:7, 새한글성경).

사마리아 여인의 대답은 얽히고설킨 실타래 같은 당시의 정서와
관습을 여실히 보여 준다.

"선생님은요, 유대아 사람인데 어째서 저한테 마실 것을 달라고 하
시나요? 저는 사마리아 여자인데요"(요 4:9, 새한글성경).

지극히 상식적이다. 그런데 예수는 오히려 자신이 그녀에게 하
나님의 선물인 생수(living water)를 줄 수 있는 사람이라고 말한다. 그
러나 여인은 여전히 현실적이다.

"선생님, 선생님께는 두레박도 없고, 샘은 깊습니다. 그런데 선생
님은 그 생수를 어디서 구하신다는 겁니까"(요 4:11, 새한글성경)?

예수가 말하는 생수와 사마리아 여인이 말하는 생수 사이에는
깊은 괴리가 있다. 그 접점(contact point)을 찾을 수 있을까?

요한복음은 이런 식의 대화를 이미 앞에서 소개했다. 바로 예수와 니고데모와의 대화다(요 3:1-21). 예수와 니고데모는 서로 중생(重生)을 논했다. 하지만 사마리아 여인처럼 그 역시 상식적이었다.

"사람이 나이가 들었는데 어떻게 다시 태어날 수 있습니까? 어머니 배 속에 또다시 들어갔다가 태어날 수는 없지 않습니까"(요 3:4, 새한글성경)?

니고데모는 물과 성령으로 다시 태어난다는 중생을 이해했을까? 니고데모는 더 이상 예수의 대화에 등장하지 않는다. 그의 행방과 행적은 묘연(杳然)하다. 그는 사마리아 여인과 달리 예수를 직접 찾아온 사람이다. 그런데도 그는 예수와의 접점을 찾지 못한 것이다.

사마리아 여인은 어떤가? 그녀에게 생수는 또 어떤 의미가 있었을까? 예수가 여인을 만난 곳은 야곱의 우물이었다. 야곱의 우물은 그녀가 사는 수가(Συχάρ)에서 1킬로미터도 더 떨어진 곳에 있었다. 물을 뜨러 온 시간도 이상하다. 유대인의 시간으로 정오(正午)인 6시였다. 고대 팔레스타인의 여인들은 아침이나 저녁의 서늘한 시간에 여럿이 함께 물을 긷는 것이 일반적이었다. 무엇이 그녀를 자신이 사는 동네에서 멀리 떨어진 야곱의 우물로 이끌었고, 아무도 물을 긷지 않는 한낮의 무더위 속으로 내몰았을까? 그녀의 조상 야곱이 마셨고, 또 그의 자녀와 그가 키우던 가축이 마셨다던 그 야곱의 우물(요 4:12)에 담겨 있을 기적과 마법을 기대하며, 낮의 열기가 불길처럼 달구어진 시간에 물을 뜨러 왔을까? 그에게 있는 영원한 갈증과 목마름을 그 우물이 해갈하고 시원하게 할 수 있을까? 아니면 사마리아인이 대망하는 메시아 '타헤브'(תהב)가 오셔서 모든 것을 바로잡아 주시기를 빌고 또 빌었을까(요 4:25)?

사마리아인은 하나님께서 모세와 같은 예언자를 다시 보내실 것을 믿었다. 그들이 기다리는 타헤브는 다윗의 자손으로 오는 왕으로서의 메시아가 아니라, 모세처럼 율법을 완성하고 하나님의 백성을 인도할 선지자다. 타헤브라는 명칭도 '돌아오다, 회복시키다'라는 뜻의 히브리어 '슈브'(שוב)에서 파생되었다. 그는 문자 그대로 모든 것을 완전하게 하고 회복시키기 위해서 돌아오는 자다. 남편을 다섯이나 두었고 또 남편도 아닌 사람과 같이 사는 사마리아 여인의 삶과 그 삶의 갈증, 그 목마름을, 모든 것을 회복시키러 오는 자인 타헤브가 해결할 수 있을까?

사마리아 여인의 절박함은 니고데모와는 달랐다.

"주여 그런 물을 내게 주사 목마르지도 않고 또 여기 물 길으러 오지도 않게 하옵소서"(요 4:15).

사마리아 여인의 이 말은 너무나 애처롭고 간절하다. "여기 물 길으러 오지도 않게 하옵소서"라고 말하는 여인의 심정은 어떤 것일까? 아무리 몸부림쳐도 바뀔 수 없고 바뀌지 않는 기구한 운명 그리고 공동체로부터의 소외와 단절. 그 어디에도 출구는 보이지 않는다. 내일도 모레도 집에서 멀리 떨어진 야곱의 우물에 전해져 내려오는 아름다운 전설로 위로를 삼을 뿐이다. 예수께서는 그녀에게 말씀하신다.

"너와 말하고 있는 내가 그다"(요 4:26, 사역).

이 말을 헬라어 원문은 '에고 에이미'(Ἐγώ εἰμι)라고 쓴다. 그 뜻은 '나는 (스스로 존재하는) −이다'라는 의미다. 출애굽기 3장 14절에서 하나님의 자기 계시인 '나는 스스로 있는 자'(אֶהְיֶה אֲשֶׁר אֶהְיֶה, 에흐예 아쉐르 에흐예)와 같다. 예수께서 당신이 누구인지를 밝히신 것이다. 더 이상 사마리아 여인과 그의 조상이 알았던 것처럼 그리심산에서만, 아니면 유대인이 그랬듯이 예루살렘에서만 하나님을 예배하는 것이 아니다(요 4:20-21). 그 공간의 벽이 무너진 것이다! 예수가 있는 곳이 예배의 장소가 되고, 그곳에서 영과 진리로 예배하게 된다.

그렇다. 예수가 이 세상에 오심은 경계의 담을 허무는 사건이다. 유대인과 사마리아인 사이를 가로막던 민족과 신앙의 벽, 남성과 여성 사이에 있는 사회적 차별의 벽, 죄와 수치로 자신을 가두었던 절망의 벽이 예수 안에서 모두 무너진다. 사마리아 여인은 더 이상 홀로 마을에서 멀리 떨어진 우물로 물을 길으러 가지 않는다. 숨어 살지도 않는다. 이제 그 안에는 생명의 물, 살리는 물이 샘솟기(活泉)

때문이다. 그녀는 오히려 마을로 달려가 외친다.

"내가 행한 모든 일을 내게 말한 사람을 와서 보라 이는 그리스도
가 아니냐"(요 4:29).

1. 삶의 근원적인 목마름을 해결하기 위해 지금까지 의지해 왔던 당신
의 '야곱의 우물'은 무엇인가요?

2. 사마리아 여인은 예수를 만난 후 물동이를 버려두고 마을로 달려가
그분을 증언했습니다. 누군가에게 "와서 보라"라고 외칠 수 있는 당
신만의 경험이나 회복의 사건이 있다면 함께 나누어 보세요.

3부
가치
ἀξίωμα

13. 죄를 용서받은 여인

요한복음 8장
공동체 성경 읽기

ἁμαρτία(하마르티아, 죄)

 ## 간음한 여인인가, 죄를 용서받은 여인인가

요한복음 8장은 간음하다 현장에서 붙잡혀 온 어떤 여인의 이야기로 시작한다. 이 여인의 이야기는 흔히 '간음한 여인'이라는 제목으로 많이 알려져 있다. 그러나 이 제목은 사건보다 사람에 초점을 맞춘 경향이 있다. 성경에 나오는 이야기의 제목이 대부분 그렇다. 누가복음 15장에는 '잃어버린 것'에 대한 비유 3부작(trilogy)이 나오는데, 첫 번째 잃어버린 것은 양 100마리 중 한 마리이고, 두 번째 잃어버린 것은 열 드라크마 중 한 닢이며, 세 번째 잃어버린 것은 두 아들 중 한 아들이다. 이 비유들은 꼭 무엇인가 하나를 상실하여 더 안타까움을 불러일으킨다. 결핍과 부족 그리고 상실 없이 꽉 차 있으면 너무나 좋을 텐데 말이다. 잃어버린 것에 관한 비유 3부작은 소중한 것을 잃어버렸을 때의 안타까움과 그것을 다시

찾았을 때의 기쁨을 크게 대비시키며 감동을 준다. 특히 세 번째 비유는 잃어버린 아들을 다시 찾은 아버지의 큰 기쁨을 전해 준다. 그런데도 이 세 번째 비유의 제목은 흔히 '탕자의 비유'로 알려져 있다.

사실 '탕자의 비유'는 누가복음 15장의 문맥에서 볼 때 '잃어버린 아들'이라는 제목이 더 알맞다. 만일 전체적인 문맥보다 그 이야기에 집중한다면 모든 것을 용서하고 받아 주는 '사랑의 아버지'도 적당하다. 둘째 아들은 아버지의 계획은 안중에도 없이 생존해 있는 아버지에게 재산 상속을 요구하고, 또 그것을 다 낭비하고 거지 꼴로 돌아온 아주 괘씸한(?) 아들이다. 그런데 그 아버지는 그를 무조건 받아 준다. 그 아버지는 마치 우리의 모든 죄를 아무 조건도 없이 용서하고 받아 주시는 사랑의 하나님을 연상하게 한다.

요한복음 8장의 '간음한 여인'이라는 제목도 그렇다. 그 여인의 잘못보다 사건에 더 집중하면 '간음한 여인'보다 '죄를 용서받은 여인'이 더 적절할 것이다. 그런데 이 이야기를 자세히 들여다보면 이 여인은 수동적(passiv)으로만 나온다. 이 여인이 간음했다는 능동적(activ) 표현조차도 이 여인을 고발하려고 체포한 서기관과 바리새인의 말에 불과하다. 이 여인에게는 어떤 내막이 있는 것일까? 이제 이 여인의 이마에서 주홍 글자를 제거해 보자.

요한복음에만 나오는 '죄를 용서받은 여인'의 이야기는 그 단락이 요한복음 7장 53절에서부터 8장 11절까지 이어진다. 흥미로운 것은 이 이야기 전체를 대괄호([])가 전부 감싸고 있다는 점이다. 이것은 무슨 뜻일까? 성경에도 이런 기호가 있었던가? 그동안 주의 깊게 성경을 읽은 독자라면 가끔 이런 문장 기호와 인용 부호가 성경에 등장한다는 것을 알고 있을 것이다. 심지어 괄호 안에 '없음'이라고 표기된 것도 있다. 우리가 무오(無誤)하게 여기는 성경에 이렇게 생긴 구석이 있다니!

성경, 특히 신약성경은 지금도 조금씩 변하고 있는 살아 있는 존재와 같다. 국제성서공회(UBS)의 헬라어 원문 성경은 1966년 1판이 발행된 이후 2014년 개정 5판이 출간되었고, 이 UBS 원문 성경에 지대한 영향을 끼치는 독일성서공회(DB)의 네슬-알란트 헬라어 원문 성경은 1898년 1판이 발행된 이후 2012년 개정 28판이 출간되었다. 이렇게 헬라어 원문 성경이 고정되지 못하고 새롭게 출판되는 이유는 신약성경의 원문을 찾는 연구가 끝나지 않았기 때문이다. 성경의 저자가 최초에 기록한 신약성경의 원문은 필사를 통해 복사되고, 그 사본의 수는 수천을 헤아릴 뿐 아니라 곳곳에 흩어져 있다. 새로운 사본이 발견되고 그 가치가 인정되면 원문을 대체하고, 그 결과가 우리가 읽는 번역 성경에도 표시된다. 필요하면 번역 성경의 내용도 새롭게 바뀐다. 이때 앞에서 말한 '괄호', '대괄호' 또는 (원문에) '없음'이 표기된다.

그러므로 요한복음 7장 53절에서부터 8장 11절을 감싸고 있는 '대괄호'가 말하는 것은, 성경의 원문과 사본을 연구하는 관점에서 볼 때 요한복음의 원문에 처음부터 있지 않았을 것이라는 추측을 반영한 것이다. 즉 유력한 고대의 사본과 번역본에 이 '죄를 용서받은 여인'의 이야기는 빠져 있다는 말이다. 사본에 따라서는 이 본문이 누가복음 21장 38절의 뒤에 나오기도 하고, 또 요한복음 7장 36절 다음에 나오기도 한다. 그래서 영어 성경인 NIV, RSV, NEB 등은 요한복음 본문에서 삭제하거나 요한복음의 맨 끝에 따로 싣기도 한다.

그렇다고 해서 예수께 '죄를 용서받은 여인'의 사건이 없었다는 말은 아니다. 요한복음의 결론에서 말하는 것처럼 "예수께서 행하신 일이 이 외에도 많으니 만일 낱낱이 기록된다면 이 세상이라도 이 기록된 책을 두기에 부족할 줄 아노라"(요 21:25)라고 함과 같다. 신약성경 각 책의 저자는 자기가 수집한 허다한 예수의 말씀과 가르침 그리고 기적을 다 자신의 성경에 기록하지 않았고, 할 수도 없었다. 다만 자기가 중요하게 여기는 것과 자기 공동체에 가장 절실한 것만 선별하여 기록할 수밖에 없었다. 예수의 이야기를 다 기록하려면 하늘을 두루마리 삼고 바다를 먹물 삼아도 부족할 것이다. 모든 것은 성령의 역사하심 속에서 성경의 저자에게 맡겨진 몫이다. 그러니 이 '죄를 용서받은 여인' 이야기의 본디 자리가 비록 요한복음 8장이 아니라 할지라도, 그것을 보존하고 우리에게 전해 주니 고맙기가 그지없다.

 ## 예수를 함정에 빠뜨리려는 악한 의도

어떤 사본이 '죄를 용서받은 여인'의 이야기를 누가복음 21장 38절 또는 요한복음 7장 36절 다음에 기록한 것처럼, 이 이야기의 배경은 예수께서 예루살렘 성전에서 가르치실 때다. 대제사장과 서기관과 장로, 또는 바리새인과 사두개인은 예수가 가르칠 때마다 그분을 함정에 빠뜨리려고 진퇴양난의 질문을 던지곤 했다. 간음한 여인을 예수 앞에 끌고 온 서기관과 바리새인의 목적도 그렇다. 간음한 여인을 돌로 치라고 하면 잔인한 사람이라고 할 것이고, 돌로 치지 말라고 하면 모세의 율법을 어긴 사람이 된다(신 22:23-24). 간음한 여인에게 돌을 던져야 한다고 요구하는 것을 보았을 때, 이 여인은 기혼자라기보다 미혼자일 수 있다. 물론 1세기 유대교의 랍비들이 모세의 율법을 폭넓게 적용하여 기혼자의 간음 사건에도 돌로 치라고 확대 해석한 정황이 있어 기혼자로 보기도 한다. 그러나 만일 모세의 율법을 그대로 적용한다면 그리고 예수를 더 무자비한 사람으로 몰 작정이었다면 이제 갓 12세가 넘은 처녀일 가능성도 있다.

예수를 랍비라고 부른 서기관과 바리새인이 조성한 이 상황은 당연히 모세의 율법에 대한 올바른 가르침과 판단을 구하는 장면이 아니다. 오로지 예수를 음해하고 몰락시키고자 하는 사악한 의도가 들어 있다. 그러나 예수께서는 벌써 그들의 이런 행동이 그릇되었다는 것을 아신다. 이들은 흔히 한국 사회의 법 기술자(?)처럼 법

정신과 법 집행을 교묘하게 왜곡하여 진실을 기망(欺罔)한다. 신명기 22장 23절 이하를 보면, 간음죄로 투석형을 집행하려면 간음한 남자와 여자 둘 다 돌로 치라고 되어 있다. 남자와 여자 모두를 잡아 왔어야 한다. 그런데 상간남(相姦男)은 보이지 않는다. 만약 이 둘이 모두 체포되어 투석형이 내려진다면 올바른 재판의 진행이 될 수도 있다. 그런데 죄인 중 한쪽이 현장에 없다면, 그 재판은 성립될 수 없고 법 집행 또한 올바로 될 수 없다. 바로 여기에 저들의 올가미가 있는 것이다. 그들이 그것을 몰랐을까?

격앙되고 흥분한 무리 앞에 끌려온 여인의 범죄는 분명하다. 그러나 지금 예수 앞에 벌어지는 상황은 법조문과 다르다. 그렇지만 선동된 무리는 흥분하여 급하게 몰아친다. 그들의 요구를 거부하거나 그들의 정의를 실현해 주지 않는다면 예수의 평판은 땅에 떨어질 것이다.

지금 예수 앞에 끌려온 여인은 이제 12세를 갓 넘긴 유대의 성인(?) 여자다. 여인이라기보다 소녀에 가깝다. 우리는 어떻게 그녀가 이런 나락에 떨어졌는지 알 수 없다. 그만큼 이 여인에 대한 묘사는 수동적이고 요한복음 저자의 관심 밖이다. 말하자면 이 사건은 여인의 범죄와는 별개로 예수 앞에 난제를 던진 무리의 획책이다. 그래서 우리는 이 이야기의 제목을 '간음한 여인'이라기보다 '죄를 용서받은 여인'이라 부르며 수동적으로 보는 것이다. 그들은 이 올바르지 못한 재판에 예수를 끌어들여 그를 고발하려는 속셈으로 이 여인을 미끼로 삼은 것이다. 간음한 여인을 고발하려는 것이 아니라, 실상은 예수를 고발하려는 함정이다(요 8:6).

 **"너희 중에 죄 없는 자가 먼저 돌로 치라"**

이때 예수는 몸을 굽혀 손가락으로 땅에 무엇인가를 쓰신다. 예수께서 무엇인가를 쓰거나 저술했다는 말은 신약성경 어디에도 없고, 오직 여기에만 대지(大地)에 무엇인가를 쓰셨다고 전해진다. 무엇을 쓰셨을까? 이것은 우리에게 주어진 난제(?)다. 많은 사람이 극적으로 여인을 구하고 예수 자신도 구한 중요한 동인(動因)으로 예수께서 땅바닥에 쓰신 것에 주목한다. 그러나 그 답을 누가 알겠는가? 어떤 사람은 중요한 판결이나 결정을 내리기 전 땅바닥에 아무 의미 없는 낙서를 했던 당시 랍비들의 습관으로 설명하기도 한다. 하지만 굳이 예수께서 땅바닥에 쓰신 그 무엇인가를 알고 싶다면, 가장 쉬운 접근은 바로 가까운 곳에서 읽어 내고 해답을 찾는 것이다. 무엇일까?

"너희 중에 죄 없는 자가 먼저 돌로 치라!"

물론 예수께서 그때 무엇을 쓰셨는지 정확히는 알 수 없다.

"너희 중에 죄 없는 자가 먼저 돌로 치라!"라는 예수의 선포는 신기하게 이 말씀을 들은 모든 사람을, 그들이 어른이든 젊은이든 남자든 여자든, 분기충천(憤氣衝天)하여 무엇인가 끝장을 보겠다는 사람을 다 물러가게 했다. 예수가 이렇게 말했다면, 아마 그렇게 쓰지 않았을까? 하나님의 손가락이 모든 미신과 악령을 몰아내듯이 (눅 11:20), 하나님의 아들인 예수께서 손가락으로 땅에 쓰신 글씨는 진리와 진실을 왜곡하고 헛된 미신과 헛된 공명심에 사로잡힌 어리석은 신자의 마음을 덮고 있는 수건을 걷어 준다(고후 3:16). 만일 그렇게 된다면 우리는 율법을 지키고 복음을 전한다는 이유로 어린 소녀조차 돌로 쳐 죽이겠다는 열심을 거둘 수 있을 것이다. 우리 속에 있는 무정하고 무자비한 난폭함을 멈출 수 있을 것이다. 다만 염려스러운 것은, 오늘의 우리는 우리의 의가 너무 강해서 우리의 무죄함을 증명하고자 눈을 질끈 감고 돌을 던져 버리지 않을까 하는 것이다.

오늘 우리 사회는 자신과 맞지 않거나 다른 사람에게 무수한 돌멩이를 던지는 경향이 있다. 사방에 돌멩이에 맞아 죽은 사람 천지다. 남녀가 갈등하고, 노소가 갈등하고, 귀천이 갈등하고, 빈부가 갈등하고, 노사가 갈등하며 서로 돌팔매질을 멈추지 않는다. 그러나 예수는 누구도 돌에 맞을 사람이 없으니 누구에게도 돌을 던지지 말라 하며 "너희 중에 죄 없는 자가 먼저 돌로 치라!"라고 말씀하신다. 그런데 누가 감히 돌을 던질 수 있겠는가!

이렇게 돌에 맞아 죽을 뻔한 '간음한 여인'의 이야기는 그 '죄를 용서받은 여인'의 이야기로 바뀌며 우리에게 이 이야기에서 어떤 역할을 하는가를 묻는다. 우리는 지금 '돌을 들고 있는 사람'인가, 아니면 돌을 내려놓고 죄지은 자를 용서하는 '죄를 용서받은 사람'인가? 예수님은 세상을 심판하러 오신 분이 아니라, 우리 죄를 용서하고 구원하러 오신 분이다(요 12:47). ‘죄를 용서받은 여인’의 이야기가 바로 그런 예수의 모습을 그리고 있다. 그래서 비록 제자리는 아닐망정 이 이야기를 잃어버리지 않고 성경에 남겨 준 저자가 고맙기 그지없다.

1. 당신의 주변이나 공동체 안에 이름 대신 실수나 과거의 죄로만 기억되고 있는 ‘주홍 글자’를 가진 사람이 있나요? 그를 새롭게 바라보기 위해서는 어떤 노력이 필요할까요?

2. 예수님의 “죄 없는 자가 먼저 돌로 치라”라는 말씀에 양심의 가책을 느낀 무리가 들고 있던 돌을 버리고 그 자리를 모두 떠난 것처럼, 최근에 비난의 돌을 내려놓게 만든 결정적인 말씀이나 깨달음이 있다면 무엇이었는지 나누어 보세요.

14. 부활의 기쁨을 먼저 알게 된 나사로

$\dot{\alpha}\nu\dot{\alpha}\sigma\tau\alpha\sigma\iota\varsigma$(아나스타시스, 부활)

 누가복음의 서문에 담긴 비밀

누가복음은 다른 복음서와 달리 복음서의 서문(序文)을 가지고 있는 것으로 유명하다. 서문은 보통 왜 그 책을 저술했는지 그 취지와 목적 등을 밝히기도 하고, 책을 저술하는 방법 그리고 책을 헌정(獻呈)하는 사람의 이름을 올리기도 한다. 누가복음의 서문(눅 1:1-4)에도 어느 정도 그러한 내용이 포함되어 있다. "처음부터 목격자와 말씀의 일꾼 된 자들이 전하여 준 그대로 내력을 저술하려고 붓을 든 사람이 많은지라"(눅 1:2)라는 내용은 누가의 복음서 이전에 이미 예수 이야기, 즉 다른 복음서들이 존재했었다는 표현이다. 말하자면 누가가 자신의 복음서보다 앞서서 기록된 다른 복음서들의 내용을 알고 있을 뿐 아니라, 인용하고 참고했다는 암시이기도 하다. "그 모든 일을 근원부터 자세히 미루어 살핀"(눅 1:3)이라

는 내용은 누가복음의 저술 방법을 말하는 것이다. 또 이 구절 바로 뒤에 나오는 "데오빌로 각하에게"는 헌정에 해당한다. 테오필로스(Θεόφιλος)에게 바친다는 것이다. 그리고 마지막으로 "이는 각하가 알고 있는 바를 더 확실하게 하려 함이로라"(눅 1:4)라는 내용은 책을 저술한 목적, 즉 왜 누가복음을 쓰게 되었는가를 설명하는 부분이다.

누가복음의 이 서문을 성경의 연구자들은 복음서의 역사적 순서와 상호 관계를 연구하는 근거로 삼는다. 그런데 누가복음의 서문에는 그런 비밀만 들어 있는 것이 아니다. 우리말 성경 번역이 다 담지 못한 중요한 비밀이 또 여기에 있다. 누가복음의 저술 목적을 설명하는 마지막 부분에 있는 '알고 있는 바'가 그것이다(눅 1:4). 이 '알고 있는 바'를 대부분의 영어 성경은 "the things you have been taught"(NIV, ESV, NASB 등)로 번역한다. 영어 성경의 번역을 토대로 이 구절을 우리말로 바꾸면 '당신이 배운 것' 혹은 '당신이 배웠던 것' 정도일 것이다. 비록 '알고 있는 것'과 '배운 것'의 의미가 크게 다르지 않지만, 미묘한 뉘앙스의 차이는 있다. 어떤 것이 더 원래 신약성경을 기록한 헬라어 원문에 가까울까?

누가는 '카테케오'(κατηχέω)라는 단어를 골랐다. 카테케오는 전치사와 결합된 복합 동사로, 그 앞에 붙어 있는 전치사 '카타'(κατά)를 분리하면 '에케오'(ἠχέω)가 남는다. 헬라어에서 전치사와 결합되면 보통 원 단어의 뜻을 강화하고 보완하는 기능이 있다. 즉 '카테케오'의 핵심에 있는 뜻은 '에케오'라는 말이다. 에케오? 우리가 아는 어떤 단어가 연상되지 않는가? 그렇다. 에케오는 바로 우리에게 익숙한 단어 '에코'(echo)의 어원이 되는 말이다. 에코에는 '울림, 공명, 소리'라는 뜻이 있다. 그래서 누가가 선택한 카테케오에도 '아래로 울려 퍼지게 하다, 귀에 울리게 들려주다'라는 기본적인 의미를 포함하여 '알아듣게 전하다, 반복하여 가르치다, 분명히 깨닫게 하다' 등으로 그 의미가 확장된다. 기독교 역사 속에서 이 카테케오는 세례받기 전에 행하던 신앙적 교육, 세례 예비자에 대한 교육 등을 표현하는 전문 용어로도 사용되는데, 이때 이를 '카테케시스'(κατήχησις)라 칭한다.

카테케시스는 현대 용어로 교리 문답(catechism)을 말한다. 줄여서 교리(敎理) 또는 요리(要理)라 하며, 어떻게 정리했느냐에 따라서 대요리(大要理) 또는 소요리(小要理)라 부르기도 한다. 누가복음에 데오빌로가 배우고 아는 것을 확실하게 하려고 기록한 교리 교육의 목적이 있는 것처럼, 신약성경 곳곳에는 교리 문답의 원형이 되는 세례 예비자 교육을 위한 구절들의 흔적이 존재한다. 대표적인 곳이 로마서 6장이다. "무릇 그리스도 예수와 합하여 세례를 받은 우리는 그의 죽으심과 합하여 세례를 받은 줄을 알지 못하느냐"(롬 6:3)라는 구절은 초기 교회의 세례 예비자가 세례를 준비하며 암송하는 교리 교육의 내용이었다. 이 로마서 6장의 카테케시스와 버금가는 중요한 교리 교육이 요한복음 11장에도 나온다. 요한복음 11장의 교리 교육은 전형적인 문답 형태를 보인다(요 11:21-27).

마르다가 예수께 여짜오되

"주께서 여기 계셨더라면 내 오라버니가 죽지 아니하였겠나이다 그러나 나는 이제라도 주께서 무엇이든지 하나님께 구하시는 것을 하나님이 주실 줄을 아나이다."

예수께서 이르시되

"네 오라비가 다시 살아나리라."

마르다가 이르되

"마지막 날 부활 때에는 다시 살아날 줄을 내가 아나이다."

예수께서 이르시되

"나는 부활이요 생명이니 나를 믿는 자는 죽어도 살겠고 무릇 살아서 나를 믿는 자는 영원히 죽지 아니하리니 이것을 네가 믿느냐[Do you believe this] ?"

[마르다가] 이르되

"주여 그러하외다 주는 그리스도시요 세상에 오시는 하나님의 아들이신 줄 내가 믿나이다[I believe that] ."

요한복음에 들어 있는 이 원형적인 교리 문답은 요한복음에 나오는 일곱 번째이면서 마지막 기적인 나사로의 소생을 전하는 예수의 사역 속에서 나타난다(요 11:1-46). 나사로라는 이름은 신약성경에서 오직 누가복음과 요한복음에서만 나타난다. 그밖에 신약성경 어디에도 나사로가 언급되는 곳은 없다. 그런데 누가복음에 나오는 나사로는 실제 인물이 아니라 예수의 비유 속에 나오는 등장인물의 하나다. 사실 예수께서 전해 주신 많은 비유에 등장하는 사람들은 그들의 직업이나 신분으로 거론될 뿐, 이름으로 불리지 않는다. 그들은 그저 청지기이거나, 노동자이거나, 제사장이거나, 혹은 아니면 유대인이거나 사마리아인이다. 그런데 누가복음 16장에 나오는 '부자와 가난한 거지'의 비유(눅 16:19-31)에서는 특이하게 가난한 거지가 '나사로'라는 이름을 가졌다고 전한다.

그렇다고 나사로라는 이름에 어떤 비밀스러운 의미가 들어 있는 것은 아니다. 또한 누가복음 16장의 거지 나사로와 요한복음 11장의 다시 살아난 나사로가 어떤 연관성이 있어 보이지도 않는다. 나사로라는 이름은 예수, 요한, 야곱같이 1세기 팔레스타인 땅에서 아주 흔한 이름 중의 하나다.

신약성경에 헬라어로 표기된 나사로(Λάζαρος, 라자로스)라는 이름은 히브리어 '엘-아자르'(אֶלְעָזָר)에서 유래한다. 엘-아자르는 '하나님이 도우신다, 하나님의 도우심을 받는 자'라는 뜻이다. 엘-아자르의 축약형은 '라자르'이고, 헬라어 음역은 '라자로스'다. 한글 성경에 나사로로 나오는 이유는 우리나라 성경 번역의 대본이 중국어 성경이었기 때문이다. 중국어 성경은 라자르라는 발음과 유사하게 拉撒路(라사루, Lāsàlù)라고 표현했고, 이 한자가 한국식 발음인 '나사로'가 되었다.

나사로, 즉 엘-아자르라는 이름은 구약성경에서도 발견할 수 있다. 창세기 24장에 보면 아브라함이 그의 아들 이삭의 아내를 가나안 족속이 아니라, 자기가 떠나온 고향 땅인 메소포타미아의 하란(Haran)에서 찾는다는 이야기가 나온다. 아브라함은 그 일을 그의 종에게 맡기는데(창 24:1-27), 창세기 15장 2절에 따르면 그 종은 엘리에셀, 즉 엘리-에제르(אֱלִיעֶזֶר)다. 이 엘리-에제르라는 이름 역시 나사로의 이름과 같은 뜻인 '하나님은 나의 도우심'이다. 이런 맥락에서 부자와 거지 나사로의 비유에 왜 아브라함이 등장하는지 어렴풋이 짐작할 수 있다. 나사로는 말하자면 엘리에셀이고, 이 엘리에셀은 아브라함과 친밀한 관계 속에 있는 사람이다. 그래서인가? 거지 나사로는 죽어서 천국에 가고 또 아브라함의 품에서 위로받는다.

가난과 질병으로 고통을 당하며 불행한 삶을 살았지만, 결국 그의 이름처럼 하나님의 도우심으로 천국에서 복락(福樂)을 누리는 거지 나사로처럼, 요한복음 11장은 하나님의 도우심으로 극적으로 죽음에서 다시 살아난 또 다른 나사로의 이야기를 전한다. 요한복음의 나사로는 가난한 거지 나사로와는 달리 베다니에서 중산층 정도의 삶을 살았고, 마리아와 마르다라는 여동생들도 있었다. 특히 이 나사로와 두 자매는 예수의 사랑을 받은 사람들이라고 소개된다 (요 11:5). 그런데 안타깝게도 나사로는 병들어 죽게 생겼다. 요한복음은 공관복음서가 예수의 예루살렘 방문을 한 번으로 전하는 것과 달리, 적어도 세 번 이상 방문한 것으로 서술한다. 그리고 예수의 예루살렘과 유대 땅 방문은 그때마다 적대자들로 인하여 위기와 위험의 연속이다(요 2:13-22, 5:1-18, 7:1-13, 7:45-52, 8:48-59, 9:13-22, 10:22-39, 11:16). 그럼에도 예수는 나사로를 살리고자 위험을 무릅쓰고 예루살렘과 채 3킬로미터도 떨어져 있지 않은 베다니로 향하신다.

 ## "나사로야, 나오라"

요한이 전한 예수의 이야기는 예수가 누구신가를 일곱 개의 그림 언어(metaphor)로 쉽게 설명하는데, "나는 생명의 떡이니"(요 6:35), "나는 세상의 빛이니"(요 8:12), "나는 선한 목자라"(요 10:11), "내가 곧 길이요 진리요 생명이니"(요 14:6) 등이 대표적인 자기 계시의 그림 언어다. 베다니로 가는 도중 예수는 마르다에게 "나는 부활이요 생명이니"(요 11:25)라고 말하며 당신이 누구인지를 드러내신다.

이 강력한 예수의 선언은 드라마틱하게 죽은 나사로를 살리는 이야기와 연결된다. 요한은 나사로가 죽은 지 이미 나흘이 지났다고 설명한다(요 11:17). 이 설명은 예수께서 죽은 자를 살리셨던 그 어떤 기적 이야기보다 강렬하다. 왜냐하면 당시 유대교 풍습은 사람이 사망함과 동시에 장례를 진행했고, 죽은 자의 영혼은 사흘 동안 떠나지 않고 있다가 시체가, 특히 얼굴이 검게 변하고 부패하기 시작해야 다시 돌아오지 않는다는 믿음이 있었기 때문이다. 죽은 나사로를 다시 살리신 이 기적은 요한이 표적($\sigma\eta\mu\epsilon\tilde{\iota}ον$, 세메이온)이라고 부르는 것처럼, 부활과 생명이신 예수는 생명과 죽음까지도 주관하시는 분임을 보여 주는 것이다. 그리고 요한은 예수께서 죽은 자를 살리실 것을 이미 앞에서 예고했었다.

"진실로 진실로 너희에게 이르노니 죽은 자들이 하나님의 아들의 음성을 들을 때가 오나니 곧 이때라 듣는 자는 살아나리라"(요 5:25).

당신이 사랑한 나사로의 무덤 앞에 서신 예수, 그 예수는 큰 소리로 "나사로야, 나오라!" 부르신다(요 11:43). 죽은 지 이미 나흘이 지난 나사로, 어두컴컴한 동굴 속 무덤 깊이 장사되어 눕혀진 그가 예수의 음성을 듣는다.

"나사로야, 이제 밖으로 나오라!"

부활이요, 생명이신 예수의 음성은 그의 수족이 비록 미라처럼 꽁꽁 묶여 있다 할지라도 그가 죽음에서 일어나는 것을, 그가 예수께로 나아가는 몸부림을 막지 못한다(요 11:44).

나사로가 다시 살아난 사건은 다시 예수를 죽음에 이르게 하는 심각한 상황에 이르게 한다(요 11:53). 그럼에도 그 예수는 나사로를 그리고 나사로와 같이 하나님의 도움이 필요한 우리를 큰 소리로 부르신다.

"하나님의 도움이 필요한 엘-아자르야, 나사로야, 지금 당장 거기에서 나와라!"

15. 사랑을 드러내는 제자, 요한

요한복음 13장
공동체 성경 읽기

$\mathring{\alpha}\gamma\acute{\alpha}\pi\eta$ (아가페, 사랑)

 요한 문서들의 원천, 요한복음

신약성경은 여러 가지 관점에서 분류할 수 있다. 문학적 장르에 따라 분류하면 가장 간단하게 복음서와 서신서 둘로 나눌 수 있다. 물론 '복음서'라는 것은 일반 문학적 장르는 아니다. 성경의 문학적 분류 방법에 따른 것이다. 일반 문학에서는 복음서가 보통 전기(Biography), 위인전(Encomium), 또는 덕행록(Aretalogy)에 해당한다. 그렇지만 성경의 분류 방법에서는 마가가 예수의 이야기를 '유앙겔리온'(εὐαγγέλιον), 즉 세상이 깜짝 놀랄 기쁜 소식인 '복음'(福音)으로 소개한 이후 예수 이야기는 복음서라는 장르에 속하게 된다. 신약성경에서 복음서를 제외하면 대부분은 서신서, 즉 편지글에 속한다. 문학적으로는 서간문(書簡文)이다. 그 외에 역사 문학과 묵시 문학의 방법으로 기록된 것으로 보이는 성경도 있다.

신약성경의 분류 방법 중에는 조금 독특하게 '요한 가족 문서'(Johannine Literature)라는 분류도 있다. 이 분류는 표제어에 들어 있는 '요한'에서 알 수 있듯이, 요한이라는 이름이 붙어 있는 신약성경을 모아서 그 특성과 전승의 과정을 연구할 때 분류하는 방법이다. 요한복음, 요한일서, 요한이서, 요한삼서 그리고 요한계시록이 여기에 해당한다. 요한계시록은 처음에는 요한이라는 이름 때문에 자연스럽게 요한 가족 문서로 분류했지만, 요즘은 다른 요한 문서와 그 중심 사상과 문체, 공유하는 주제와 신학이 다르다는 이유로 요한 가족 문서에 포함해야 하는지 주저한다.

사실 요한 문서들에는 요한이라는 이름이 들어 있지만, 이를 어떤 한 사람이 모두 다 기록했다고 보기는 어렵다. 요한계시록을 제외하고는 그 어떤 요한 문서에도 본문 안에 저자의 이름이 나타나지 않기 때문이다. 그래서 요한 문서라고 불리는 이 문서들은 요한이라고 불리는 한 인물에게서 유래했다기보다는 동일한 신학과 사상을 보존하고 전수한 공동체에서 유래했다고 보는 것이 올바르다. 이러한 이유로 모든 요한 문서를 한 사람이 저술했다고 본다면, 요한 문서의 저자는 단 한 명일 것이다. 반면에 그 모든 요한 문서를 다 다른 사람이 저술했다고 본다면, 요한 문서의 저자는 최대 네 명으로 확대된다.

요한일서에서는 저자에 관한 어떠한 정보도 얻을 수 없다. 요한이서와 요한삼서에는 단지 "장로인 나는"(요이 1:1; 요삼 1:1)이라는 언급만 있다. 그렇다고 이 단서로 요한이서와 요한삼서의 저자를 쉽게 찾아낼 수는 없다. 당시의 언어 용법에서 '장로'(πρεσβύτερος, 프레스뷔테로스)는 특정한 직분이 아니라 단순히 경험과 지혜를 갖춘 교회의 원로, 나이가 많은 사람(Senior)을 의미할 확률이 높다. 따라서 요한이서와 요한삼서에서 교회에 편지를 써서 가르침을 전하는 장로가 누구인지는 정확히 알 수 없다. 같은 맥락에서 자신에 관한 아무런 언급도 없는 요한일서의 저자가 누구인지를 특정하는 것은 더더욱 어려운 일이다. 이는 요한복음도 마찬가지다. 그래서 요한 문서, 요한 가족 문서라고 하는 것은 동일한 저자에서 유래한다기보다, 같은 사상과 신학을 공유한 공동체로부터 유래한다는 뜻에 더 가깝다.

그렇다면 이렇게 동일한 사상과 신학을 공유하는 요한 문서들은 어떤 문서, 곧 어떤 성경으로부터 유래하는가? 당연히 요한복음이다. 요한복음은 요한 문서들의 원천(源泉)으로 추정된다. 하지만 앞서 언급한 것처럼, 요한 문서의 원천인 요한복음에도 저자가 누구인지 명시적으로 드러나 있지 않다. 다만 그가 누구인지 짐작만 할 뿐이다. 요한복음은 결론 부분에서 "이 일들을 증언하고 이 일들을 기록한 제자가 이 사람이라 우리는 그의 증언이 참된 줄 아노라"(요 21:24)라고 밝히고 있다. 이 제자가 누구인지 요한복음에서 추적하면 그가 '예수께서 사랑하시는 제자'라는 것을 어렵지 않게 찾을 수 있다(요 13:23, 19:26, 20:2, 21:7).

요한복음의 저자, 예수께서 사랑하시는 제자는 누구일까? 예수의 애제자(愛弟子)가 누구인지를 알려면, 먼저 그가 언급되는 요한복음에서 어떻게 묘사되는지를 찾아볼 수밖에 없다. 또 그가 어떤 생각을 하고 어떤 것을 알고 있는지도 확인할 필요가 있다.

 ## 예수께서 사랑하시는 제자는 누구인가

사랑하시는 제자에 대한 언급은 요한복음 13장 23절에 처음 나온다.

"예수의 제자 중 하나 곧 그가 사랑하시는 자가 예수의 품에 의지하여 누웠는지라."

이 구절에서 '예수의 품에 의지하여 누웠다'라는 개역개정의 번역은 오해의 소지가 있다. 이 번역은 어떤 장면을 말하는지 이해하기 어렵다. 다행히 가장 최근의 번역인 새한글성경은 이 구절을 "예수님 바로 곁에 기대앉아 있었다"라고 제대로 번역했다. 여기서 '기대앉다'라는 말은 고대 그리스의 연회나 유대인이 식사할 때 가장 흔하게 취하는 자세로, 몸을 편안히 한쪽으로 기대는 모양을 말한다. 따라서 이 구절은 제자 중 하나가 예수의 바로 옆, 곧 상석(上席)에 있었다는 것을 의미한다. 이는 곧 그가 예수께서 가장 총애(寵愛)하는 사람임을 암시하는 표현이다.

게다가 이 제자에 대한 예수의 사랑을 표현할 때, '아가페'(ἀγάπη)의 동사형(ἀγαπᾶν, 아가판)을 사용한다. 아가페의 사랑이 성경에서 일반적인 표현은 아니다. 더구나 동사의 미완료형을 사용한다는 것은, 예수께서 이 제자를 지속해서 변함없이 사랑하셨다는 사실을 강조하려는 의도다. 이로 미루어 이 사랑하시는 제자는 예수의 제자 중 하나이고, 예수의 마지막 만찬 자리에 참석했을 뿐 아니라 예수의 가장 가까이에 있었다는 사실을 파악할 수 있다.

예수께서 사랑하시는 제자는 요한복음 19장 26절에도 등장한다. 십자가에 달리신 예수는 이 제자에게 어머니 마리아를 부탁한다는 유언을 남긴다. 이때부터 이 제자는 예수의 어머니 마리아를 자신의 어머니처럼 모시며 예수를 대신한다. 그런데 요한복음에 등장하는 예수의 사랑하시는 제자에 관한 이야기를 읽다 보면 자연스레 의문이 생긴다. 예수의 가장 가까이에 있고, 심지어 예수의 유언을 들으며 어머니를 모시는 책임을 지는 제자라면 '그는 다름 아닌 베드로여야 하는 것이 아닌가?'라는 생각이다. 공관복음서의 기록을 떠올리면 중요한 일과 사건에서 앞장서는 제자는 베드로이기 때문이다.

아니나 다를까, 요한복음 20장 2-4절은 이상한 달리기 경주(?)를 소개한다. 예수께서 십자가에 달려 죽으신 지 사흘째 되던 날, 곧 안식 후 첫날에 시몬 베드로와 예수께서 사랑하시던 제자는 예수의 무덤까지 달리기 경주를 펼친다. 두 제자의 경주는 어떻게 승부가 날까? 요한복음의 흐름으로 보면, 이미 승자는 결정되어 있다. 승자는 다름 아닌 예수의 사랑하시는 제자다. 요한복음 20장 4절은 그 결과를 담담히 알려 준다.

"둘이 같이 달음질하더니 그 다른 제자가 베드로보다 더 빨리 달려 가서 먼저 무덤에 이르러."

왜 두 제자는 난데없는 달리기 경주를 하는 것일까? 달리기는 경쟁을 극대화하는 운동 경기 중 하나다. 고대 올림픽에서 달리기 경주는 약 200미터 거리인 1스타디온(στάδιον)을 달리는 것으로, 올림픽의 가장 오래되고 상징적인 경기였다.

예수의 수제자로 알려진 베드로와 예수의 사랑하시는 제자와의 경쟁 구도(?)는 요한복음의 밑바탕에 있는 중요한 모티브 중 하나다. 이런 경쟁 구조에서 더 중요한 것은 예수의 사랑하시는 제자가 베드로의 지위와 역할을 능가한다는 점이다. 그가 명시적으로 등장하는 요한복음 13장 23절 이하에서 베드로는 예수의 의중을 사랑하시는 제자를 통해서 파악해야 하는 위치에 있다.

"시몬 베드로가 머릿짓을 하여 말하되 말씀하신 자가 누구인지 말하라 하니"(요 13:24).

베드로는 자신이 궁금한 것을 예수께 직접 묻지 못하고 사랑하시는 제자를 경유해야 한다.

또 베드로는 예수의 유언을 듣지도 못했고, 무덤에도 사랑하시는 제자보다 빨리 달려가지 못했다. 예수의 빈 무덤에 도착해서도 그 의미를 제대로 깨닫지 못한다. 하지만 예수의 사랑하시는 제자는 그 의미가 무엇인지를 깨닫고 예수의 부활을 믿는다(요 20:8). 더구나 요한복음의 최종 결론부인 부활하신 예수와 제자들이 갈릴리에서 만나는 장면에서도 그는 부활하여 바닷가에 서 계신 예수를 제일 먼저 발견하고 베드로에게 알려 준다.

"예수께서 사랑하시는 그 제자가 베드로에게 이르되 주님이시라 하니"(요 21:7).

요한복음은 이렇게 예수의 사랑하시는 제자가 지닌 통찰력을 통해 초기 기독교 공동체에 베드로의 지도력에 상응하는 또 다른 리더십의 가능성을 노출한다. 사랑과 진리를 강조하는 요한복음은 이처럼 요한 공동체 안에 있는 예수의 사랑하시는 제자의 권위를 강조한다.

사실 요한복음은 하나님을 해석하는 분으로 예수를 소개한다. 요한복음의 서두를 장식하는 장엄한 로고스 찬가(요 1:1-18)의 결말은 "본래 하나님을 본 사람이 없으되 아버지 품속에 있는 독생하신 하나님이 나타내셨느니라"(요 1:18)라는 말로 끝난다. 한글 성경은 마지막 구절을 '나타내셨느니라'라고 번역하지만, 이는 원어의 의미로 충분하지 않다. '나타내셨느니라'의 원어인 헬라어 '엑세게이스타이'(ἐξηγεῖσθαι)의 문자적인 뜻은 '밖으로 이끌어 내다, 드러내다'이며, 여기서 '설명하다, 해석하다'라는 의미가 파생되었다. 바로 이 단어에서 성경을 해석하고 주해(註解)한다는 '엑세게시스'(ἐξήγησις),

즉 '엑세게제'(Exegese)라는 말이 유래한다. 그렇다면 로고스 찬가 결말의 독생하신 분은 바로 하나님을 설명하고 해석해 주시는 분이라는 말이다. 영어 성경도 대체로 그런 번역을 취한다. 새로운 흠정역인 NKJV는 "He has declared Him"으로, NASB는 "He has explained Him"으로, NIV는 "He has made Him known"이라고 번역한다.

하나님의 품속에 있었던 그리스도 예수처럼, 예수의 곁에 있었다고 소개되는 예수의 사랑하시는 제자는 누구인가? 그는 바로 예수를 해석하는 사람이다. 요한복음은 하나님에 의해 사랑받으신 분이 하나님을 해석하는 것처럼, 그 사랑하는 아들에 의해 사랑받는 사람이 예수를 해석한다는 것을 말한다. 그렇다. 하나님을 사랑하는 사람이 하나님을 해석하고 설명하는 예수이며, 다시 그 예수를 해석하고 사랑하는 사람이 바로 예수의 사랑하시는 제자(愛弟子)다!

◆ **질문과 나눔** ◆

1. 요한복음 저자는 왜 자신의 이름 대신 '예수께서 사랑하시는 제자'라는 표현을 사용했을까요? 하나님 앞에서 우리의 이름이나 어떠함보다 '사랑받는 자'라는 정체성으로 서 있는 것이 왜 중요한지 나누어 보세요.

2. '예수를 사랑하는 사람이 예수를 해석한다'고 했습니다. 우리가 '예수를 해석하는 사람'이 되기 위해 필요한 삶의 자세는 무엇일까요?

16. 부활의 주님의 음성을 들은 막달라 마리아

φωνή(포네, 음성)

 ## 제자와 사도

신약성경은 예수의 제자들을 제자라고 부르기도 했다가 사도로 부르기도 한다. 그래서 열두 제자라고도 하고 열두 사도라고도 한다. 두 용어의 사용에는 미묘한 구분이 있다. '제자'(μαθητής, 마테테스)는 예수를 따르고 그분의 가르침을 받는다는 것에 강조가 있을 때 주로 사용되고, '사도'(ἀπόστολος, 아포스톨로스)는 특히 예수의 위임을 받아서 그것을 대리할 때, 즉 전도와 선교를 위해서 파송 받을 때 주로 사용된다(마 10:2; 막 6:30; 눅 11:49; 요 13:16). 그래서 복음서에는 제자라는 말이 월등히 많이 사용되고, 사도라는 말은 각 복음서에 거의 한 번 정도 나타난다. 그렇지만 예수께서 십자가에서 죽고 부활, 승천하신 후에는 제자보다 사도라는 말이 주로 사용된다. 이제는 직접 배울 스승 예수가 없기 때문이다.

복음서에서 볼 수 있는 것처럼 예수께 직접 배운 열두 제자는 동시에 열두 사도가 될 수 있지만, 예수의 부활·승천 이후에 소명을 받은 초기 기독교와 교회의 지도자가 된 사람은 사도라고 불릴 수는 있어도 제자라고 불릴 수는 없다. 사도행전 1장의 뒷부분이 이것을 잘 설명한다. 예수를 배반한 가룟 유다의 뒤를 이을 열두 제자를 채우기 위해서 맛디아(Μαθθίας)를 제비 뽑는 장면이 그것이다(행 1:23-26). 이때 성경은 맛디아가 열두 제자 중의 하나로 보충되었다고 말하기보다는 열두 사도 중 하나가 되었다고 분명히 밝힌다(행 1:26). 열둘에 속했지만, 제자가 아니라 사도라는 말이다. 그렇다면 제자의 위상만큼이나 중요한 이 사도란 무엇일까? 초기 교회는 어떤 사람을 사도라고 불렀을까?

이것 역시 열두 사도를 보충하여 완성하기 위한 이야기를 전하는 사도행전 1장 뒷부분에 잘 정의되어 있다. 사도란 '예수께서 부활하심을 증언할 사람'(행 1:22)을 말한다. 형식적으로 볼 때는 예수께서 위임하신 일을 대신, 대리하는 사람이라는 뜻이지만, 내용상으로는 예수의 부활을 증언, 증거하는 사람을 말한다. 사도의 본질적 의미가 이렇다면 사도가 될 수 있는 조건은 무엇일까? 당연히 부활한 예수를 만난 사람이어야 한다. 즉 사도의 전제는 부활한 예수를 만난 경험이 있느냐이다. 이런 이유에서 바울은 그의 사도 됨을 의심받을 때 "내가 사도가 아닙니까? 내가 우리 주 예수를 뵙지 못하였습니까?"라며 반문한 것이다(고전 9:1).

초기 기독교와 교회에서는 이렇게 부활한 예수와의 만남이 너무나 중요했다. 그래서 그들은 안식일, 토요일에 성전 예배를 마치면 다시 안식 후 첫날, 일요일에 모여 부활한 예수를 기념했고(행 2:46, 20:7) 이것이 주일 예배의 기원이 되었다. 나아가 예수의 부활을 가장 먼저 목격하고 경험한 증인이 누구인가도 중요했다. 신약성경은 예수의 부활을 목격한 증인을 한편으로는 신앙 고백(confession) 형식으로, 다른 한편으로는 이야기(narrative) 형식으로 전해 준다.

신약성경에서 '부활장'으로 불리는 고린도전서 15장에는 바울이 전해 받은 부활 전승에 관한 신앙 고백문이 나온다. 이것은 부활하신 예수가 누구에게 어떤 순서로 나타났는지를 알려 주는 중요한 구절이다. 여기에 보면 부활의 첫 번째 증인은 게바, 즉 베드로다(고전 15:5). 부활한 예수는 먼저 베드로에게, 그 후 열두 제자에게, 그 후 500여 형제에게, 그 후 야고보에게 나타나셨다. 바울은 이 신앙 고백의 끄트머리에 자신을 추가한다(고전 15:5-8). 주목할 것은, 몇몇 부활의 증인은 이름으로 나타난다는 것이다. 다른 증인들은 열두 명, 500명이라는 무리 속에 들어 있지만, 베드로와 야고보 그리고 바울은 이름으로 거명된다. 이들은 모두 초기 기독교의 대표적인 지도자이며 사도다. 여기서 우리는 예수의 부활을 목격하고 경험한 사람이 사도이며 당시의 지도자라는 것을 다시 확인할 수 있다.

 부활의 첫 번째 증인, 막달라 마리아

예수의 부활과 그 부활의 증인은 신앙 고백 형식과 또 다른 내러티브 형식으로도 전해진다. 신약성경의 제일 앞에 놓여 있는 네 개의 복음서는 모두 그 결말에 예수의 부활과 그 증인을 내러티브로 전한다. 이상한 것은, 부활 내러티브는 부활의 첫 번째 증인으로 베드로가 아니라 막달라 마리아(Μαρία ἡ Μαγδαληνή)를 내세운다는 것이다. 네 개의 복음서의 결말은 안식 후 첫날 새벽 아직 날이 밝기 전에 예수의 무덤을 찾은 사람들이 여인이었다고 말한다. 비록 전승된 여인의 명단에 다소 차이가 있지만, 공통적인 것은 막달라 마리아의 이름이 들어 있고 그것도 제일 앞에 나온다는 것이다 (마 28:1; 막 16:1, 9; 눅 24:10; 요 20:1, 11-18).

이렇게 중요한 목격자 막달라 마리아는 누구일까? 모든 복음서의 부활 내러티브에 제일 먼저 이름을 올렸다면, 그 중요함의 무게가 베드로와 견주어도 전혀 가볍지 않을 것이다. 그런데 안타깝게도 성경은 막달라 마리아에 대해서 많은 말을 하지 않는다. 누가복음 8장 2절에서 그녀의 개인사와 활동을 어느 정도 짐작할 뿐이다. 이것이 아쉬웠는지, 요한복음의 부활 내러티브가 그녀를 조금 더 주목할 뿐이다.

성이 없던 시절에 자식은 아버지의 이름이나 출신 지역을 따라서 불렸다. 더욱이 여성은 '-의 아들'이라는 형식의 이름으로도 불리지 않았다. 마리아는 당시 남아에게 붙이는 가장 흔한 이름이

'예슈아', 즉 '예수'이듯이, 당시 여아에게 붙이는 가장 흔한 이름의 하나였다. 정말 신약성경 예수 이야기에는 얼마나 많은 마리아가 나오는가. 그런 마리아 중에서 그녀는 단지 출신 지역인 막달라(Magdala)로부터 다른 여인들과 구별된다.

막달라는 예수 당시 매우 중요한 도시 중 하나였다. 고대 강대국을 서로 연결했던 중요한 도로의 하나인 '비아 마리스'(Via Maris)가 막달라를 지났기 때문이다. 막달라는 후대의 랍비 문헌에 따르면 '믹달 누나이야'라고 불리는 게넷사렛 호수의 서쪽 해안 지역이다. 일명 '바닷길' 또는 '해변길'로 불리는 비아 마리스는 이집트의 나일강 삼각주에서 시작하여 지중해를 따라 위로 올라가다가 다마스커스를 종착지로 하는 고대의 무역, 군사의 중요 도로다. 막달라는 어업이 성행한 도시였고 생선을 판매하는 해산물 시장이 번성하여 주민의 주 수입원을 담당했다. 아마 막달라 마리아도 베드로처럼 이곳에서 물고기를 잡았을지 모를 일이다.

누가복음의 전승을 수용한 마가는 막달라 마리아를 '일곱 귀신이 들렸던'이라고 특정한다(눅 8:2; 막 16:9). 일곱 귀신이 들렸다는 것은 그 상태의 심각함을 말한다. 누가복음은 이와 관련해서, 더러운 귀신이 나간 후에 다시 그 사람에게 악한 귀신 일곱이 들어가면 그 사람의 나중 형편이 전보다 더 심하게 된다고 말한다(눅 11:26). 이런 상황이라면 일곱 귀신 들린 막달라 마리아의 삶이 어떠했을지 충분히 상상할 수 있다. 가정이 그녀를 보듬을 수 없을 것이고, 당시 사회 또한 그녀를 보듬을 수 없을 것이다. 지금도 그렇지만 2천 년 전

유대 땅에서 이런 일이 벌어졌으니 어떻게 살 수 있었겠는가. 성경은 그녀가 어떤 과정을 통해서 제정신으로 돌아와 온전한 삶을 살아가게 되었는지 침묵한다. 다만 그 결과만 말해 줄 뿐이다.

 계시, 비지온(vision)과 아우디치온(audition)

요한복음은 부활 내러티브에 막달라 마리아를 중요하게 배치한다. 소위 공관복음서와 다른 결을 가진 요한복음은 공관복음서의 내용을 보완하고 보충하려는 의도가 있다고 본다. 이런 평가에 잘 들어맞는 것 중 하나가 오병이어의 기적이다. 공관복음서는 오병이어가 어떻게 제공되었는지 그 출처를 말하지 않는다. 그러나 요한복음은 오병이어를 작은 아이(παιδάριον, 파이다리온)가 제공했다고 알려 준다(요 6:9). 헬라어에서 보통 아이를 표현하는 말은 '파이디온'(παιδίον)이다. 이때 이것보다 더 작고 귀여운 아이의 이미지를 갖게 하는 표현이 '파이다리온'인데, 이 파이다리온이 예수와 제자들에게 오병이어를 바친 것이다. 부활 내러티브에서도 요한복음은 다른 복음서와 달리 막달라 마리아 혼자서 예수를 장사 지낸 무덤에 왔다고 설명하며 공관복음서의 내용을 보완한다.

요한복음에 따르면 막달라 마리아는 빈 무덤의 최초 목격자일 뿐 아니라 예수의 부활을 가장 먼저 목격한 증인이기도 하다. 또한 마리아를 뒤이어 빈 무덤을 찾은 베드로가 의아해하며 집으로 돌아간 것과 달리, 마리아는 여전히 빈 무덤에서 예수를 찾는다(요 20:11-15). 이때 부활하신 예수가 그녀 앞에 나타난다. 그러나 마리아는 예수를 알아보지 못하고 동산지기로 착각한다.

이게 도대체 어찌 된 일인가? 일곱 귀신을 쫓아내며 사람답게 살게 해 준 생명의 은인을 알아보지 못하다니! 더구나 막달라 마리아는 제자들과 마찬가지로 예수의 사역에 동참하고 동행했던 여제자(μαθήτρια, 마테트리아)다. 남자 제자들이 예수가 체포되는 순간에 혼비백산하여 다 사라지고 없을 때 갈릴리에서부터 예루살렘까지, 그것도 십자가 아래까지 쫓아온 사람들이 바로 여제자들이며 그 선두에 막달라 마리아가 있었다(마 27:56). 막달라 마리아만큼 예수를 정확히 알고 있는 사람도 없을 것이다. 그런데 왜 그녀는 부활하신 예수를 알아보지 못했을까?

여기에는 이해하고 풀어야 할 몇 가지 신앙의 신비가 있다. 부활하신 예수가 나타났다는 것과 그것을 인식하기 위해서는 계시(啓示)가 있어야 한다. 말 그대로 깨닫게 하는 나타남이다. 깨닫게 하는 나타남이 없이는 신앙의 신비를 깨닫거나 이해할 수 없고, 마리아처럼 부활하신 예수를 쳐다보고 있으면서도 동산지기인지 착각한다. 예수를 보고 있으면서 예수를 알려 달라고 한다. 마치 예수의 제자들이 예수를 보고 있으면서 하나님을 보여 달라고 하는 것과 같다(요 14:6-9).

계시는 사실 그렇게 어려운 말이 아니다. 계시는 고전 헬라어로 '아포칼립시스'(ἀποκάλυψις)다. 아포칼립시스는 뚜껑이 열려 있는 상자를 말한다. 반대로 '칼륍시스'는 뚜껑이 달혀 있는 상자를 말한다. 뚜껑이 달혀 있는 상자가 눈앞에 있다면 누구도 그 안에 무엇이 들어 있는지 알 수 없고, 그래서 마치 판도라의 상자처럼 궁금해서 그 뚜껑을 열고야 만다. 그러나 계시는 그 반대다. 뚜껑이 열려 있어 그 속에 무엇이 있는지 다 알 수 있다. 요한계시록이라는 성경이 그렇다. 뚜껑이 열려 있다. 종말에 어떤 일이 일어날지 다 열려서 계시되었다. 숨겨져 있는 책이 아니다.

이 계시에는 '보는 것'(vision, 비지온)만이 아니라 '듣는 것'(audition, 아우디치온)도 있다. 계시의 형식은 '보는 것'과 '듣는 것'을 모두 포함한다. 그래서 요한계시록 1장 15절은 "그의 발은 풀무불에 단련한 빛난 주석 같고"(vision), "그의 음성은 많은 물소리와 같으며"(audition)와 같이 비지온뿐만 아니라 아우디치온으로 구성되어 있다. 이처럼 계시는 상호 보완적이며 어떤 때는 아우디치온이 더 강력할 수도 있다. 요한복음의 부활 내러티브에서 읽는 막달라 마리아도 그렇다. 마리아는 부활하신 예수를 눈으로 보는 것만으로는 전혀 알아볼 수가 없었다. 그러나 일곱 귀신을 그녀 안에서 내쫓아 주신 그 음성, "마리아야"라며 그녀를 부르는 예수의 음성을 듣는 순간, 그녀에게 예수가 아우디치온으로 계시되는 순간, 그녀는 곧바로 부활하신 예수를 알아보았다.

누가복음 7장 36-50절에는 예수의 발에 향유를 붓고 머리털로 그 발을 닦는 여인의 에피소드가 나온다. 많은 사람이 이 여인을 막달라 마리아와 동일시한다. 이 이야기의 결미에 예수는 이렇게 교훈적으로 말한다.

"많은 용서를 받은 사람은 많이 사랑하고, 적은 용서를 받은 사람
은 적게 사랑한다."

1. 일곱 귀신이 들렸던 막달라 마리아는 그 끔찍한 피폐함과 버려짐 속
    에서도 다시 살아났습니다. 이처럼 회복 불가능해 보이는 절망적 상황
    에 놓인 사람이 다시 일어설 수 있게 하는 힘은 무엇인가요? 그런 변화
    를 가능하게 하는 가치에 대해 나누어 보세요.

2. 막달라 마리아는 왜 눈으로 보는 것만으로는 예수를 알아보지 못하
    고, 음성을 듣는 것을 통해 비로소 깨닫게 되었을까요? 막달라 마리
    아처럼 주님의 음성을 듣는 아우디치온(audition)의 경험을 통해 신앙
    의 위기를 극복한 사례가 있다면 나누어 보세요.

17. 위로의 손길이 된 바나바

사도행전 4장
공동체 성경 읽기

$\pi\alpha\rho\acute{\alpha}\kappa\lambda\eta\sigma\iota\varsigma$(파라클레시스, 위로)

 ## 레위인의 유래

성경을 읽어 보면 성전에서 예배와 봉사의 직무를 맡은 사람을 레위인이라고 부른다. 레위인의 유래는 창세기에 잘 나타나 있다. 창세기 25장 이후부터 읽어 보면 하나님의 섭리, 구원사의 주역이 믿음의 조상 아브라함이 죽으면서 그의 아들 이삭에게 그리고 다시 야곱에게로 넘어가는 과정을 보여 준다. 야곱은 그의 할아버지 아브라함의 인생 여정처럼 고향 집을 떠나게 되고 삼촌 라반의 집에서 노예와 같은 고생을 한다. 그때 야곱은 라반의 딸들과 결혼하여 네 명의 아내에게서 열두 명의 아들을 얻는다. 야곱의 이 열두 아들은 후에 이스라엘 민족과 국가를 구성하는 열두 지파의 조상이 된다. 레위는 바로 이 야곱의 아들들 중에서 첫째 부인인 레아의 세 번째 아들이다(창 29:34, 35:23-26; 대상 2:1-2).

야곱의 아들들은 가나안 땅에 기근이 들자, 열한 번째 아들로 애굽의 총리가 된 요셉의 권유로 그곳에 정착한다. 하지만 오랜 세월이 지나면서 야곱의 후손들은 건설 노동자로 전락하여 혹사당한다. 그러던 중 레위 자손인 모세의 인도로 애굽에서 탈출(Exodus)하고, 자신들을 구원한 하나님을 섬기기로 계약을 맺으며 율법을 수여 받는다. 이스라엘은 계약에 따라 하나님을 섬길 의무를 갖게 되고, 열두 지파 중에서 레위 지파는 하나님께 제사하는 모든 일을 전담하는 임무를 맡는다. 특히 모세의 형인 아론과 그의 자손은 대대로 제사 직무를 책임지는 제사장 가문으로 선택된다(출 27:21). 아론의 자손은 제사장 가문으로서 성막과 성전에서 일하는 레위 지파를 지휘 감독한다(민 3:6, 32).

이스라엘 민족은 가나안 땅, 지금의 팔레스타인에 정착하여 왕정 국가를 이루었다. 후에 다윗의 아들 솔로몬이 성전을 짓기까지 레위 지파는 성막의 이동뿐 아니라, 성막 안에서 이루어지는 모든 제사와 관련된 직무를 맡았다. 성전이 완성된 후에는 성전 안에서 이루어지는 모든 제사뿐 아니라 성전 기물 관리를 비롯하여 성전 문을 지키는 수문장의 역할도 담당했다(대상 23-26장). 이런 직무를 수행하기 위해 레위인들은 먼저 자기 몸을 정결하게 해야 했고(민 8:6), 복무 연한은 30세에서 50세까지였다(민 4:3). 후에 25세부터 시작할 수 있도록 변경했지만(민 8:23-26), 다윗이 성전을 건축하려고 준비할 때 성전 봉사를 맡기기 위해 계수한 레위인의 나이는 20세 이상이었다(대상 23:27).

아론의 자손에게 승계된 제사장의 직분은 아론의 여러 아들 중에서 엘르아살(אֶלְעָזָר)의 자손 그리고 후에는 사독(צָדוֹק)의 자손에게 계승된다. 제사장의 직분이 사독의 후손에게 맡겨진 이유는 이스라엘이 예루살렘의 파괴로 포로기를 거치면서 우상을 숭배하고 배교할 때, 오직 사독의 후손만이 바른 제물과 바른 제사로 하나님을 섬기는 충성과 성실함을 보이며 성전을 지켰기 때문이다. 에스겔 선지자의 예언에 따르면, 바로 그들의 충직함이 바벨론 포로기 이후에도 제사장직을 맡아 성전에서 봉사하게 한다(겔 44:9-15). 이러한 역사적 배경 속에서 사독의 후손이 성전에서 봉사했고, 전통이 오래도록 지속되어 신약 시대에까지 사독의 후손들은 사두개파(Σαδδουκαῖοι)라 불리면서 성전 귀족의 지위를 누렸다.

이런 배경에서 히브리서 저자는 예수 그리스도가 대제사장이라는 독특한 기독론을 전개하면서, 예수께서 아론, 엘르아살, 사독으로 이어지는 인간적인 순서를 따르는 것이 아니라 멜기세덱(מַלְכִּי־צֶדֶק)의 반차를 따라 대제사장이 되었다고 설명한다(히 4:14-5:10). 그는 멜기세덱을 아브라함이 십일조를 바칠 정도로 지극히 높은 하나님의 제사장이며 '의의 왕, 살렘 왕, 평강의 왕'이라고 소개하고, 그 자세한 내용을 위해 히브리서 7장 전체를 할애한다. 즉, 예수 그리스도는 시작도 없고 끝도 없는 영원한 대제사장으로서 제사를 주관하는 분인 동시에, 스스로 제물이 되어 단번에(once for all) 모든 죄를 속량하신 분이라는 것이다.

 토지를 팔아 기부하다

사도행전 4장 36절 이하를 보면, 구브로 태생의 한 레위인이 자신의 토지를 예루살렘 초기 기독교 공동체의 필요를 위해 기부한 사건이 나온다. 누가의 사도행전은 레위인인 이 사람의 이름을 요셉(Ἰωσήφ)으로 소개하고, 사도들이 그에게 준 별명이 바나바(Βαρναβᾶς)라고 알려 준다. 그런데 레위인인 그가 어떻게 토지를 소유할 수 있었을까? 토지가 얼마나 많았기에 스스럼없이 교회를 위해 기부했는지 궁금하지 않을 수 없다. 그는 자신이 소유한 토지의 일부를 기부한 것일까, 아니면 전부를 기부한 것일까?

바나바의 본명은 요셉이다. 요셉은 예수, 요한, 유다처럼 흔한 남자 이름이다. 바나바라는 별칭은 아마도 같은 이름을 가진 다른 요셉과 구별하기 위해서 그리고 사도들이 그의 성품과 역할을 고려하여 부여했을 것이다. 사도행전의 주인공인 바울도 흔한 라틴식 남자 이름이기 때문에, 바울의 선교지에 또 다른 바울(Παῦλος)이 나타날 때는 슬그머니 다시 사울(Σαῦλος)이라고 부른다(행 13:7). 사울이 회심하여 바울이 되었다는 감동적인 말은 적어도 사도행전의 내러티브에서는 통하지(?) 않는다. 누가는 그렇게 바울의 이름을 사용하지 않는다. 단지 다문화 사회에서 히브리식 이름인 사울과 라틴식 이름인 바울을 상황에 따라 번갈아 사용할 뿐이다.

사실 바나바라는 이름의 뜻도 문자적으로는 해석하기가 좀 어렵다. 만일 히브리적 아람어 이름의 헬라어 음역이라면 오히려 바르–

느부아(וֶּ נְבוּאָה)에 가깝다. 그의 유명한 별명 '위로의 아들'은 바르-느후마(בַּר נְחָמָה)이기 때문에 발음이 완전히 달라 바나바라는 소리가 나기 어렵다. 그렇다고 헬라어 음역을 토대로 유추하여 비슷한 소리가 나는 '바르-느보'로 보기에는 그 의미가 썩 좋지 않다. '느보의 아들', 곧 이방 신의 아들이라는 뜻이 될 수도 있기 때문이다. 이처럼 바나바는 그 이름이 어디서 어떻게 유래했는지 그 뜻을 정확히 찾기가 어렵다.

어쨌든 바나바는 사도행전에서 중요한 역할을 감당하는 인물이며 그의 등장은 평범하지 않다. 그는 초기 기독교 공동체의 공동 생활과 필요를 위해서 자신의 토지를 팔아 사도들에게 내놓는다. 이런 행동은 당연히 모범적이고 본보기가 된다. 칼뱅(J. Calvin)도 사도행전 주석에서 당시 초기 기독교 공동체에서 자기 재산을 헌금하거나 기부하는 일은 자주 있었던 일도 아니고 대다수 신자가 동참했던 행위도 아니라고 설명하며 바나바를 높이 칭찬했다.

그렇다면 레위인인 그는 어떻게 토지를 소유할 수 있었을까? 레위인은 하나님의 명령에 따라 성전에서 봉사하는 책임을 맡았기에 농경이나 상업에 종사할 수 없었다. 그래서 그들은 모세와 여호수아의 인도 아래 가나안에 정착할 때도 땅을 분배받지 못했다. 땅이나 재산이 아니라 하나님을 섬기는 일에 전념하는 것이 그들의 기업(基業)이며 가업(家業)이었기 때문이다. 그래서 레위인들은 십일조와 여러 제물의 일부를 받아서 생활했다(민 18:21-24). 하지만 레위인이 토지를 소유하지 못하게 금한 이 법은 세월이 흘러 예레미야 선지자 시대에 사문화된 것으로 보인다. 레위 지파 출신 선지자인 예레미야가 토지를 매입하기 때문이다(렘 32:7-15). 더구나 사독의 후손이 전담하던 제사장 직분도 소위 암흑기라고 불리는 구약과 신약의 중간기(Intertestamental period)에는 헬라와 로마의 입김 아래 매관매직의 형태로 변질되기도 한다. 이런 맥락에서 레위인인 바나바가 토지를 소유했을 가능성에 대한 궁금증은 해소할 수 있다.

더욱이 팔레스타인을 벗어나 율법의 적용이 다소 느슨한 구브로, 오늘날의 사이프러스에 살았기 때문에 이미 바나바의 윗대부터 재산을 형성했을 수도 있다. 그래서 바나바는 비록 레위인이지만, 그 정체성은 세계화된 그레코-팔레스타인(Greco-Palestine) 사람일 수 있다. 디아스포라처럼 그리스적 삶의 방식에 익숙한 사람일 수 있다. 같은 레위인이라 하더라도 팔레스타인에 정착하여 사는 레위인과 그들의 삶의 방식은 매우 다르다. 미쉬나를 해설한 랍비 문헌인 탈무드도 크게 예루살렘 탈무드와 바벨론 탈무드로 나뉘는데, 바벨론 탈무드의 미쉬나 해석이 온건하고 개방적이다. 이런 이유에서 바나바는 구브로뿐 아니라 팔레스타인에도 상속이나 매입을 통해서 소유한 토지가 있었을 것이고, 팔레스타인에 있던 토지를 매각하여 초기 기독교 공동체에 기부할 수 있었을 것이다.

 바나바의 서번트 리더십

　　유대교 레위인으로 그리스도인이 된 바나바는 예루살렘에 생긴 최초의 교회에 자기 재산을 헌금하는 헌신뿐 아니라, 초기 기독교 최고의 신학자이면서 교회 개척자인 바울을 교회 공동체로 인도한 인물이라는 데 더 큰 의미와 의의가 있다. 바울이 누구인가? 초기 교회를 분쇄하려는 살기가 등등한 유대교의 열심당원이었다(행 7:58, 8:1-3). 비록 그의 회심에 관해 들었다 하더라도 그와 가까이한다는 것은 얼마나 큰 위험을 감수해야 하는 일인가!

　　바나바는 예루살렘교회의 파송으로 안디옥(Antioch)에서 목회하던 중 바울을 찾아 다소(Tarsus)까지 가는 긴 여행을 감행한다(행 11:25). 안디옥은 현재 튀르키예 남부 도시 안타키아(Antakya)고, 다소는 메르신주의 타르수스(Tarsus)다. 자동차로 235킬로미터, 약 세 시간을 가야 하는 거리다. 신약 시대에 말이나 마차 등의 이동 수단을 이용하면 3-4일, 걸어서는 5-7일 이상 걸리는 거리다. 바나바는 바울을 찾으러 가는 그 짧지 않은 길에 무슨 생각을 했을까? 여전히 한편으로 의심했을까? 아니면 그가 초기 기독교를 유럽과 로마에까지 전파할 위대한 지도자(Leader)가 될 것을 알 수 있었을까? 그때 그에게 그것은 모두 아직 다가오지 않은 미래의 일이었다.

　　바나바를 생각하면 가장 먼저 서번트 리더십(Servant Leadership)이 떠오른다. 서번트 리더십은 다른 말로 섬김의 리더십이다. 자기보다 남을 더 높이고 세워 주는 리더십이다. 리더는 보통 자신의 권력과 지위를 가지고 다른 사람을 이끈다. 흔히 "자리가 사람을 만든다"라는 말이 여기에 잘 들어맞는다. 하지만 자리에 앉아 있으면서도 리더십을 발휘하지 못한다면 그건 정말 답이 없다. 자리에 있다고 리더십이 그냥 따라오는 것은 아닐 것이다. 그런데 자리가 아니라 자신을 낮추고 남을 높이는 것이 더 본질적인 리더십이라면, 그런 리더십은 발휘하기도 어렵고 이해하기도 어렵다. 아니 그것이 가능할 것인가?

그런데 안디옥 공동체의 지도자 바나바는 그것을 실천했다. 안디옥교회를 위해 위험을 무릅쓰고 바울을 초기 교회에 합류시켰다. 그는 바울을 두려워하는 교회의 지도자들에게 그를 중재하고 그와 동역했다. 바나바의 이런 신앙적 혜안(慧眼)이 없었더라면 바울은 그의 사역을 이어 가지 못했을 것이고, 그의 능력은 빛을 보지 못했을 것이다. 그는 진정 '예수가 첫 번째, 네가 두 번째, 내가 세 번째'(Jesus First, You second and I third)를 알았던 참된 지도자다.

1. 모두가 두려워하던 바울을 교회의 일꾼으로 세운 바나바처럼, 누군가의 성장을 위해 위험을 감수해 본 경험이 있다면 나누어 보세요.

2. '예수가 첫 번째, 네가 두 번째, 내가 세 번째'라는 원리를 삶에 적용해 본 적이 있나요? 가정이나 일터, 교회에서 당신이 '세 번째'가 된다는 것은 구체적으로 어떤 모습일지 나누어 보세요.

18. 선행으로 믿음을 보인 다비다

ἐλεημοσύνη(엘레모쉬네, 선행/구제)

 대도시 중심의 선교와 교회 개척

사도행전을 읽다 보면 초기 기독교의 선교가 대도시를 중심으로 전개되는 것을 볼 수 있다. 이런 선교 전략은 1세기 최고의 선교사이며 탁월한 교회 개척자인 바울에게서도 그대로 나타난다. 비단 3차에 걸친 그의 전도 여행을 전해 주는 사도행전에서뿐만 아니라, 바울의 이름으로 전해지는 서신서에서도 그렇다. 신약 정경에 수록된 바울의 서신 열세 개 중에서 제자이면서 동역자인 디모데와 디도(Τίτος)에게 보낸 목회 서신과 개인 서신으로 분류되는 빌레몬서를 제외하면 나머지 아홉 개의 서신이 당시 대도시에 개척된 교회로 보내는 편지다. 바울이 대도시를 중심으로 선교하고 교회를 개척했다는 증거다.

예를 들어, 바울 서신 중에서 가장 많은 분량을 차지하는 고린도전·후서는 당시 고대의 대도시인 고린도(Κόρινθος, 코린토스)로 보낸 편지다. 1세기 고린도는 로마 제국의 식민지 아가야(Ἀχαΐα, 아카이아)의 수도이며, 인구 10만 명 정도가 사는 메가 시티였다. 심지어 노예가 인구의 3분의 1을 차지할 정도로 많은 인력이 필요한 도시였다. 로마의 식민지가 된 이래 빌립보(Φίλιπποι, 필리포이)와 마찬가지로 의무 복무를 마친 로마 군인들이 전역 후 정착한 곳으로, 헬라 도시이면서도 점점 라틴화되는 특징이 있었다. 게다가 반도라는 지리적 특성 때문에 북서쪽으로는 레기온(Lechaion)과 남동쪽으로는 겐그레아(Kenchreai) 항구를 건설했고, 이 두 항구는 지중해의 동서 항로를 연결하며 고린도가 교역과 상업의 중심지로 명성을 높이는 요인이 되었다. 고린도교회는 바로 이런 대도시에 개척된 교회였다.

사도행전은 초기 기독교의 선교 전략뿐 아니라, 동시에 교회가 어떠해야 하는지에 대한 질문에도 많은 대답을 주는 성경이다. 사도행전에 따르면, 기독교 최초의 교회인 예루살렘 모교회는 어떤 다락방(upper room)에서 시작한다(행 1:12-15a). 이 다락방은 보통 '마가의 다락방'으로 알려져 있다(행 12:11-12). 그런데 사도행전에 종종 등장하는 이 '다락방'이라는 말은 다소 오해의 소지가 있는 번역이다. 이 말은 우리나라 최초의 신약성경 한글 완역본인 '예수성교젼서'(1887)에서 처음 채택한 번역이다. 만주에서 함경도 사람의 조력을 받아 성경을 번역한 존 로스(John Ross)와 매킨타이어(John Macintyre) 선교사는 헬라어 '휘페론'(ὑπερῷον)을 당시 그들이 가지고 있던 영어 성경 흠정역(KJV)과 개역(RV)을 참조하여 '다락방' 또는

'다락'으로 번역했다. 19세기의 용어다. 이 용어가 21세기인 지금까지 여전히 바뀌지 않고 사용되고 있다. 요즘 주택 구조에서 다락을 찾아보기 어렵고 일상생활에서도 거의 사용되지 않는 말임에도, 우리는 19세기의 용어를 여전히 개역·개정하지 못한 채 사용하고 있다. 성경이 시대에 맞게 적절한 옷을 입어야 하는 이유다.

기독교 최초의 교회가 시작되었다는 '다락방'은 사실 2층짜리 가옥의 2층에 있는 큰 방을 뜻한다. 고대 헬라의 집은 '오이코스'(οἶκος)라고 부르는데, 이는 가정을 뜻하기도 하고 건물을 뜻하기도 한다. 오이코스에는 보통 3대가 함께 살며, 가까운 일가친척이나 가사를 돕는 노예가 함께 살기도 한다. 로마서 16장 23절을 보면, 바울은 고린도에 있는 가이오(Gaius), 가이우스의 집에 머물고 있다고 쓴다. 즉, 어떤 집은 손님이 여러 날 머물 수 있는 방도 따로 있을 정도였다. 이런 집은 오이코스의 크기가 보통 40-50명을 족히 수용할 수 있는 규모였다. 이로 볼 때 신약성경에서 말하는 다락방은 당시의 가옥 구조상 '빌라'(villa)라고 불리는 제법 큰 집의 2층에 있는 방을 의미한다. 초기 기독교는 바로 이런 규모의 집을 소유한 성도의 집에서 시작되었고, 이것을 흔히 그 지역의 가정 교회(house church)라고 부른다.

 ## 여제자 다비다의 죽음

사도행전을 읽다 보면 복음이 전파된 곳에 세워진 가정 교회가 어떻게 모이고 활동했는지를 알 수 있다. 사도행전 1장 8절의 지리적 프로그램에 따라 복음은 '예루살렘에서 온 유대로, 사마리아로, 땅끝(로마)으로' 전파된다. 그리고 그 지역마다 다락방에서 모이는 가정 교회가 설립된다. 사도행전 9장 31절 이하는 이런 사도행전의 지리적 구조에 따라 이제 복음이 유대와 갈릴리, 사마리아 등 온 유대 땅에 편만하게 전파되었음을 요약적으로 들려준다. 이때 사도 베드로는 "사방으로 두루 다니며" 온 유대에 세워진 교회를 두루 감찰하고, 교회가 평안하고 든든히 세워지고 있는지를 순회하며 돌본다(행 9:32).

사도행전 9장은 온 유대에 전파된 복음이 이제 이방인에게 전달되는 변곡점이다. 9장 전반부는 이방인의 사도로 세워질 사울의 회심 이야기(행 9:1-30), 후반부는 유대의 선교가 마무리되며 10장에서부터 시작될 이방인 선교를 준비하는 이야기로 구성된다. 이때 유대 선교를 마무리하는 지점에서 베드로가 행한 두 가지 이적을 소개한다. 베드로는 그의 주님이자 스승인 예수처럼 중풍 병자를 고치고 죽은 사람을 살린다(막 2:1-12, 5:35-43 등). 이것은 각각 룻다(Lydda, 로드)와 욥바(Joppa, 요파)에서 일어난 사건인데, 특이하게 이 두 사건을 병행적으로 소개하면서도 욥바 사건에 무게를 더 둔다. 룻다 사건은 치유의 대상인 애니아(Αἰνέα)를 '어떤 한 남자'(ἄνθρωπός, 안트로포스)라고 설명하지만, 욥바 사건은 다비다(Ταβιθά)를 '여제자'(μαθήτρια, 마테트리아)라고 특별히 부른다. 그리고 중풍 병자를 고치는 것보다 죽은 자를 다시 살리는 기적이 더 놀랍고 신기한 법이다.

신약성경에서 여제자, 즉 '마테트리아'라는 말은 이곳에 딱 한 번 나온다. 희귀한 용어다. 신약성경에는 여성 제자나 여성 리더십으로 불릴 만한 걸출한 인물이 여럿 나온다. 우리는 그들에게 여제자라는 호칭을 붙이기에 주저하지 않는다. 그러나 신약성경에 명시적으로 "이 사람이 여제자다"라고 공식적인 타이틀을 부여한 여성 지도자는 다비다를 제외하고는 전혀 찾을 수 없다. 여성 지도자 다비다, 그녀가 누구인지 궁금하지 않을 수 없다.

다비다는 아람어로 '사슴' 또는 '노루' 과의 동물을 뜻한다. 다비다를 헬라어로 바꾸면 '도르가'(Δορκάς)가 된다(행 9:36). 이 단어 역시 '사슴', '노루', '영양' 등을 뜻한다. 하지만 이 단어를 이름으로 사용했다면 그 의미는 사슴의 이미지에 가까운 어떤 사람을 지칭하고 싶었기 때문일 것이다. 이렇게 아람어 이름을 동시에 헬라식으로 바꿔서 함께 부른다는 것은 욥바가 다문화 환경의 헬라화된 도시라는 것을 추정하게 한다. 물론 당시 유대 땅, 팔레스타인은 로마의 식민지로 정치·행정의 공식 언어는 로마의 언어인 라틴어를, 사회·경제적 언어는 주전 3세기 이후 고대 근동을 지배했던 그리스어, 즉 헬라어를 사용하는 다문화 환경이었다. 그러나 유대인의 일상 언어는 여전히 아람어였다. 신약성경에서 종종 유대인들이 히브리어를 말한다는 묘사가 나오지만, 사실은 아람어를 말한다는 것이다(행 22:2).

이 욥바에 사슴이라고 불리는 여제자 다비다가 있었다.

어떤 사람이 사슴이라고 불린다면, 우리는 무슨 생각을 할까? 물론 이름에 불과할 수도 있지만, 이름이란 그 이름을 부여한 사람의 기대와 희망을 담고 있다. 또 그만한 의미가 있다. 동양과 서양 그리고 2천 년이라는 시공간의 격차가 있지만, 사슴이라는 이름을 붙였다면 그것은 사슴에 대한 좋은 이미지 때문일 것이다. 고대 헬라 세계에서 사슴은 신성함, 희생, 자연을 상징한다. 또한 구약 아가서에 보면 '노루와도 같고 사슴과도 같다'라는 표현이 나온다(아 2:9, 8:14). 이 표현은 아가서의 전체적 맥락에 맞는 사랑스러움의 상징이다. 사슴이라는 이름을 가진 다비다도 이런 성품의 사람이 아니었을까.

사도행전 9장 36절은 다비다가 "선행과 구제하는 일이 심히 많더니"라고 소개한다. 원문의 뉘앙스를 담아 해석하면, 선행과 구제에 진심을 가득 담아 풍족하게 그리고 지속해서 했다는 의미다. 이 선행과 구제는 예수께서도 그리스도인이 마땅히 행할 것으로 가르치셨고(마 6:1-4), 초기 기독교 디아코니아(διακονία)의 밑절미이기도 하다. 다비다는 이렇게 예수의 가르침을 실생활에서 실천하는 (여)제자였다.

그런데 어느 날 다비다가 병이 들어 갑자기 죽게 된다. 이것은 신앙 공동체에 큰 충격이었을 것이다. 당장 다비다의 죽음을 안타깝게 여긴 욥바의 성도들은 마침 룻다를 방문 중인 베드로에게 도움을 청한다. 베드로는 룻다에서 8년이나 앓던 중풍 병자를 단번에 고쳤고, 그 소문은 인근에 자자했다. 룻다는 욥바에서 약 20킬로미터 떨어져 있다. 걸음으로 왕복 여섯 시간의 거리다. 사도행전의 저자는 그의 급한 마음을 반영하듯이 룻다가 욥바에서 가깝다고 말한다(행 9:38a). 베드로가 빨리 와서 살려 주기를 바라는 마음이다. 정말 베드로는 한걸음에 달려와 다비다의 장례를 준비하던 다락방에 올라간다(행 9:39a).

 ## 사람을 살리는 기적을 행하다

여기서 다락방은 앞서 설명한 것처럼 욥바에 있었던 가정 교회로 보인다. 이 교회는 유대교 출신 그리스도인의 교회다. 그때 동네의 과부들이 그리로 몰려와 울기 시작한다. 당시의 관례대로 사망하면 바로 시작하는 장례 문화를 반영한 묘사일 수도 있다. 그 장례 자리에서 그들은 다비다가 지어 준 겉옷과 속옷을 보이며, 그녀의 선행과 구제를 증명한다. 베드로가 감동할 수밖에 없다. 가난하고 헐벗은 사람, 특히 세상 어디 의지할 데 없이 막연한 삶을 근근이 이어 가는 과부들을 돕고 옷을 입히며 정성스레 돌보았음을 보여 주는 대목이다. 과부는 구약성경 전통에서 특별히 돌보아야 할 대상이다(신 24:19-21). 신약성경에서도 지역 교회는 과부들을 따로 명부에 올려 돌보는 모습을 보인다(딤전 5:9-10). 과부들은 가난하고 살기 힘든 사람을 힘껏 도와주었던 다비다를 살려 달라고 간구했을

것이다. 그리고 하나님께서는 이들의 진심과 기도를 외면하지 않으시리라!

베드로는 무릎을 꿇고 간절히 기도한 후에 "다비다야, 일어나라!"라고 외쳤다. 이 외침은 예수가 회당장 야이로의 딸을 향해 외쳤던 "아이야 일어나라"(눅 8:54)와 공명(共鳴)한다. 이 말을 아람어로 바꾸면 다비다의 이름과 또다시 공명하며 "달리다, 쿰!"이라는 메아리가 된다. 예수가 전파한 사람을 살리는 음성이 예수에게서 베드로에게로 전해지고, 다시 다비다에게 전달되어 죽었던 다비다가 살아나는 놀라운 기적이 일어난다(행 9:40). 복음은 이렇게 사람을 살리는 것이다. 박복(薄福)하고 척박(瘠薄)한 삶을 살아가는 과부들을 살린 다비다는, 바로 그녀가 살린 사람들에 의해서 다시 사는 기적의 주인공이 된다. 이런 기적은 예수의 제자에게서 (여)제자로 이어지는 것이다!

사람은 이렇게 서로 살리는 삶을 살아야 한다. 그래야 너도 살고 나도 살고 우리가 함께 사는 것이다. 베드로는 다시 소생한 다비다를 과부들 앞에 보여 준다. 과부들의 기쁨이 어떠했을까? 자신을 사랑해 준 사람의 소생과 귀환보다 더 큰 기쁨이 있을 수 있을까? 과부들이 욥바에 있는 교회의 신자였는지는 알 수 없다. 다만 이 사건을 정리한 누가에 의해서, 과부들뿐만이 아니라 욥바에 있는 많은 사람이 예수를 믿게 되었다는 뒷얘기를 들을 뿐이다(행 9:42). 이로써 우리는 다비다가 왜 마테트리아, 여제자라는 타이틀을 받았는지 이해할 수 있다.

1. '남을 살리므로 내가 산다'는 다비다의 경험은 '남을 짓밟아야 내가 살 수 있다'는 생각이 만연한 세상에서 우리에게 어떤 삶의 방식을 제안하나요?

2. 예수에서 베드로로, 베드로에서 다시 다비다로 이어지는 '사람을 살리는 기적'의 흐름을 오늘을 살아가는 우리는 어떻게 계승해 나갈 수 있을까요?

4부
동역
συνεργός

19. 교회의 기둥이 된 주의 동생 야고보

ἐκκλησία(에클레시아, 교회)

 구약의 야곱과 신약의 야고보

아브라함과 계약을 맺으신 하나님은 아브라함의 자손이 하늘의 뭇별과 같이 셀 수 없을 정도로 많을 것이라고 약속하고, 아브라함은 그 약속에 따라 100세에 아들 이삭을 낳는다(창 21:1-5). 아브라함의 아들 이삭이 다시 쌍둥이 아들 에서와 야곱을 낳음으로 아브라함의 자손이 번성할 씨앗이 본격적으로 뿌려진다. 여기서 하나님의 섭리는 야곱과 그의 열두 아들에게로 향하는데, 야곱의 열두 아들은 곧 이스라엘이라는 부족 국가를 구성하는 열두 지파의 토대를 이룬다. '하나님과 싸워서 이기다'라는 의미의 '이스라엘'(יִשְׂרָאֵל)은 야곱에서 유래한다. 야곱은 그의 형 에서의 발꿈치를 잡고(יַעֲקֹב, 야콥) 간발의 차이로 늦게 나와 동생이 된다. 하지만 아브라함에게 주신 하나님의 축복은 둘째인 야곱에게로 흘러간다.

야곱은 신약성경에서 야고보(Ἰάκωβος, 야코보스)라는 헬라식 발음으로 불린다. 유대 민족이라면 누구나 사랑하고 자랑스러워하는 이름이라 수많은 사람이 야고보로 불린다. 그래서 같은 이름이 곳곳에서 등장할 때 어떤 야고보를 말하는지 혼돈을 불러일으킬 수밖에 없다. 신약성경에 야고보는 무려 다섯 명이나 나온다. 예를 들어, 예수의 제자인 야고보만 해도 두 명이며(막 3:16-19; 눅 6:16; 행 1:13), 야고보서라는 독자적인 서신이 존재하기도 한다. 이들 야고보는 어떻게 구분해야 하며, 신약성경에는 어떤 야고보가 있을까?

신약성경에서 제일 먼저 등장하는 야고보는 마가복음 1장 19절에 나오는 야고보로 세베대의 아들이며 요한의 형제다. 세례자 요한에게 세례를 받으신 예수는 첫 번째 사역으로 제자들을 부르신다. 그렇다. 예수의 첫 번째 사역은 제자를 부르고 제자를 만드는 것이었다. 하나님의 사역(missio Dei)은 하나님이 혼자 하시는 것이 아니다. 언제나 필요한 사람을 불러서 일하신다. 예수의 사역도 마찬가지다. 예수는 사역을 위해 가장 먼저 함께 일할 제자를 찾으셨다. 세례 요한에게 세례를 받은 후 하나님 나라(βασιλεία τοῦ θεοῦ, 바실레이아 투 테우)의 사역을 시작할 때, 예수는 갈릴리 호숫가를 거닐다가 시몬과 안드레를 첫 번째 제자로 그리고 야고보와 요한을 두 번째 제자로 소명(召命)하신다(막 1:16-20). 이 야고보가 신약성경에 나오는 첫 번째 야고보다. 그는 후에 예수로부터 '우레의 아들'이라는 별명을 얻는다.

사도행전이 전하는 내용에 따르면 이 야고보는 헤롯왕 때 순교한다(행 12:1-2). 주후 41년에서 44년 사이로 추정된다. 물론 여기에서 이 헤롯왕이 누구인지 구분할 필요가 있다. 신약성경은 헤롯의 성과 이름을 정확히 표기하지 않고 그 가문의 이름, 즉 성으로만 헤롯이라고 말하기 때문이다. 예수의 탄생 시기에 등장하는 헤롯이 있는가 하면, 예수의 십자가 처형 전 심문에 가담한 헤롯이 있고, 이제 세베대의 아들이며 요한의 형제인 야고보를 살해한 헤롯이 있다. 그러나 이 세 헤롯의 이름은 각기 다르다. 첫 번째 나오는 헤롯은 하스몬 왕조로부터 왕권을 찬탈한 헤롯 대왕을 말하고, 두 번째는 그의 아들 헤롯 안티파스 그리고 마지막 세 번째는 그의 방계(傍系)인 헤롯 아그리파 1세다. 이처럼 서로 다른 인물이 모두 헤롯이라고 나오니 헷갈릴 수밖에 없다.

예수의 제자 중에 나타나는 두 번째 야고보에 대해서 신약성경은 많은 정보를 제공하지 않는다. 이 야고보의 행적은 자세히 나타나지 않고 다만 예수의 제자 목록에만 등장한다(막 3:18; 행 1:13). 두 번째 야고보에게는 '알패오의 아들 야고보'(James the son of Alphaeus)라는 설명이 붙어 있어 '세베대의 아들 야고보'(James the son of Zebedee)와 동명이인의 제자였다는 사실만 알려 준다. 이 야고보에 대해서 그 외에 더 알 수 있는 것은 없다.

세 번째 야고보에 대한 정보나 자료 역시 거의 없다. 이 야고보에 관해서는 예수의 십자가 죽음 장면에 등장하는 여제자들에 대한 언급에서 나온다. 마가는 갈릴리에서부터 십자가 아래까지 따라왔던 여제자들을 열거하는데, 이들 가운데 막달라 마리아와 또 다른 마리아 그리고 살로메가 있었다고 말한다(막 15:40-41). 이때 '다른 마리아'를 설명하면서 '작은 야고보'(James the Less)와 요세의 어머니라고 소개한다. 이것은 야고보라는 이름이 당시에 얼마나 흔했는지를 알려 줄 뿐이다. 작은 야고보 역시 어떤 사람이었는지는 전혀 알 수 없으며, 다만 이 작은 야고보가 두 번째 나오는 야고보와 같은 인물이 아닌가 추측할 뿐이다.

그리고 이처럼 그저 이름으로만 언급된 네 번째 야고보도 있다(눅 6:16; 행 1:13). 이 야고보는 유다라는 이름을 가진 예수의 제자가 둘이어서 이 둘을 구분하려는 의도에서 등장한다. 예수의 제자 목록을 보면 가룟 유다와 같은 이름의 다른 유다가 나오는데, 이 둘을 구분하기 위해 '야고보의 아들 유다'라고 표현한다. 유다의 아버지인 이 야고보에 대해서도 역시 알 길이 없다.

이제 우리가 주목하려는 마지막 다섯 번째 야고보가 있다. 이 야고보는 예수의 동생(James the brother of Jesus)이며 요셉과 마리아의 아들이다(막 6:3; 마 13:55). 복음서의 여러 기록을 살펴보면 예수의 동생, 다시 말해 주의 동생 야고보는 예수의 지상 생애 동안에는 예수를 믿지 않았다(막 3:21, 31-35). 그런데 사도행전과 바울의 서신을 보면 이 야고보는 어느새 초기 기독교의 최고 지도자가 되어 있다(행 12:17, 15:13, 21:18; 갈 1:19, 2:9). 주의 동생 야고보에게 어떤 사연이 있었기에 이 간극이 이토록 큰 것일까? 미스터리가 아닐 수 없다.

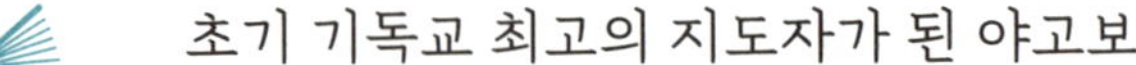 초기 기독교 최고의 지도자가 된 야고보

다메섹(Δαμασκός, 다마스쿠스)에서 회심한 바울은 예수의 가르침과 전승을 배우고 예루살렘에 설립된 최초의 교회와 연대하기 위해 예루살렘 모교회를 방문한다. 이때 바울의 회고를 보면 당시 예루살렘교회의 상황을 파악할 수 있는 중요한 단서들이 있다. 우리는 이것을 비교적 이른 시기에 기록되었으며 바울의 자전적 내용을 많이 담고 있는 갈라디아서에서 읽을 수 있다.

"[회심] 그 후 삼 년 만에 내가 게바를 방문하려고 예루살렘에 올라가서 그와 함께 십오 일을 머무는 동안 주의 형제 야고보[James the Lord's brother] 외에 다른 사도들을 보지 못하였노라"(갈 1:18-19).

이 내용을 보면 예루살렘교회의 수장(首長)은 베드로가 아니라 야고보라는 사실을 알 수 있다. 야고보는 교회를 지키고 있으며, 예수의 수제자인 시몬 베드로, 즉 게바는 순회 선교사로서 지역의 각 교회를 돌아보고 있다(행 9:31-43). 주의 동생 야고보는 왜 예루살렘교회를 지키고 있는 것일까? 이에 대한 궁금증은 이어지는 갈라디아서 2장 9절에서 확인할 수 있다.

"또 기둥같이 여기는 야고보와 게바와 요한도 내게 주신 은혜를 알므로."

이 구절에서 바울이 인식한 예루살렘교회 지도자의 서열(?)은 야고보, 베드로, 요한 순이다. 즉 기독교 첫 번째 교회의 첫 번째 수장은 야고보인 것이다. 예수의 지상 생애 사역 중에는 예수를 믿지 않았던 것처럼 보이는 주의 동생 야고보는 어떻게 믿음을 갖게 된 것일까? 그리고 어떻게 사도로 인정받으며 예루살렘교회의 첫 번째 지도자가 될 수 있었던 것일까?

초기 기독교에서 예수께 가르침을 직접 받았던 무릎 제자 이외에 사도가 된다는 것은 특별한 경험과 증명이 필요했다. 이런 이유에서 초기 기독교의 뛰어난 전도자이며 교회 개척자인 바울은 전도의 현장에서 자신을 사도라고 소개했지만(고전 1:1), 그의 사도성은 종종 의심받았다. 바울은 자신에 대한 이런 의심을 고린도전서 9장 1절에서 "내가 자유인이 아니냐 사도가 아니냐"라는 말로 토로하며 억울함을 호소한다. 그리고 같은 곳에서 바로 "예수 우리 주를 보지 못하였느냐"라고 답답한 심정으로 말을 잇는다. 사도 바울의 이런 자문자답(自問自答)에서 사도의 조건은 '부활하신 예수 그리스도를 보았느냐', '부활하신 예수가 나타나서 사명을 주었느냐'가 관건이라는 사실을 알 수 있다.

세계의 교회가 예배 시 함께 암송함으로써 서로 에큐메니컬(ecumenical) 공동체임을 인정하는 '사도들의 신앙 고백'(Symbolum Apostolorum)이 있다. 이 사도들의 신앙 고백은 초기 기독교 공동체의 다양한 신앙 고백 형식(pistis formula)이 모여서 체계를 갖춘 것이다. 이 신앙 고백문 형성에 영향을 끼친 중요한 초기 기독교의 신앙 고백 중 하나가 고린도전서 15장 3-7절인데, 이 본문은 예수의 부활과 현현(顯現)에 대한 중요한 사실을 말한다. 바울은 "성경대로 사흘 만에 다시 살아나사 게바에게 보이시고 후에 열두 제자에게와 그 후에 오백여 형제에게 일시에 보이셨나니 … 그 후에 야고보에게 보이셨으며 그 후에 모든 사도에게와 맨 나중에 만삭되지 못하여 난 자 같은 내게도 보이셨느니라"(고전 15:4b-8)라고 전한다. 부활하신 예수를 목격한 명단에 게바(베드로)와 열두 제자, 500여 형제 그리고 야고보와 바울이 열거되고 있다. 당연히 여기에 나오는 야고보는 그 많은 야고보 중에서 주의 동생 야고보를 말하는 것이다.

이 예수의 부활과 현현 목격자 명단에서 다소 의아하고 낯선 것은, 바울의 자기 증언과 더불어 야고보에게 부활하신 예수께서 나타나셨다는 전승(傳承)이 들어 있다는 사실이다. 바울이 부활하신 예수를 보았다는 것은 사도행전에 세 차례나 나오는 간증을 통해 이미 유명하다(행 9:1-9, 22:2-11, 26:1-18). 하지만 주의 동생 야고보에게 부활하신 예수께서 나타나셨다는 기록은 소위 '부활장'이라는 별명이 붙은 고린도전서 15장의 신앙 고백 전승이 유일하다.

이 낯섦을 해소하기 위해 신약성경 외경 중 하나인 '히브리인의 복음서'를 참고하여 보충할 필요가 있다. 이 책에 따르면, 주의 동생 야고보는 예수의 죽음 이후 예수를 다시 볼 때까지 음식을 먹지 않겠다고 서원한다. 마침내 부활의 날, 부활하신 예수께서는 그때까지 금식하고 있던 야고보에게 나타나 "frater mi"(내 형제여)라고 부르며 사명을 주셨다고 한다. 우리는 '히브리인의 복음서'와 고린도전서 15장을 통해 주의 동생 야고보가 어떻게 사도가 되고 초기 기독교의 최고 지도자가 되었는지 짐작할 수 있다.

예수의 부활! 이것은 예수를 믿지 않던 야고보가 초기 기독교의 지도자가 되는 놀라운 사건의 배경이다. 이것이 아니고서야 육신의 형제인 예수가 주와 그리스도가 되었다는 것을 동생인 야고보가 어떻게 믿으며 교회를 위해 순교할 수 있었겠는가. 초기 기독교와 교회의 역사를 기술한 유세비우스는 주의 동생 야고보를 당시의 유대인과 바리새인들도 존경하던 의인으로 전한다. 그는 성전 출입이 자유로웠을 뿐 아니라, 성전에서 기도할 때면 아주 오래도록 무릎을 꿇고 기도하여 '낙타 무릎'의 사람으로 알려져 있다.

◆ **질문과 나눔** ◆

1. 예수를 믿지 않던 예수의 동생 야고보가 180도 달라져 예루살렘교회의 기둥이 된 결정적 계기는 부활하신 예수와의 만남이었습니다. 당신의 이성이나 고정관념을 무너뜨리고 예수를 고백하게 만든 '개인적인 부활의 사건'이 있었다면 나누어 보세요.

2. 예수의 부활, 이것은 이 땅에 교회가 세워지고 곳곳에 예수를 주와 그리스도로 고백하는 신자들이 있게 하는 신비한 능력입니다. 당신의 공동체 안에서 불신자가 신자가 되고 전도자가 되는 이 놀라운 역사를 이어 가기 위해 필요한 것은 무엇일까요?

20. 고난 중에도 기쁨을 누린 루디아

χαρά(카라, 기쁨)

 바울 서신의 분류

신약성경에는 모두 열세 개의 바울 서신이 수록되어 있다. 바울 서신은 다양한 관점에 의해 분류되는데, 가장 기본적인 분류는 수신자가 누구인가다. 수신자가 교회인지 혹은 개인인지가 그 척도다. 신약성경의 편집 순서 역시 이를 따르고 있다. 다만 바울의 편지들을 사도들의 편지들보다 앞에 세웠다. 신약성경에 수록된 열세 개의 바울 서신은 로마서를 필두로 해서 빌레몬서까지의 순서를 갖는다. 앞 순서에 이름을 올린 서신들은 교회가 수신자다. 그래서 한글 성경에는 짧게 '로마서'라고 이름이 붙어 있지만, 사실은 '로마에 있는 교회의 교인들에게 보낸 편지'가 더 정확한 명칭이다. 바울 서신의 서두는 대개 그렇게 시작한다. 이렇듯 신약성경은 교회에 보낸 편지를 앞세우고, 디모데, 디도, 빌레몬

등 바울의 동역자에게 보낸 개인적 성격의 편지를 그다음 순서로 놓았다.

바울 서신을 분류하는 또 다른 방법은 바울이 편지를 기록한 곳이 어디인가, 즉 기록 장소에 따른 방식이다. 바울은 선교 사역 중에 잦은 옥고를 치렀기에, 서신이 감옥에서 쓰였는지가 중요한 판단 기준이 된다. 바울이 감옥에 갇혔을 때 기록한 편지를 '옥중 서신'이라고 부른다. 이를 판별하는 기준은 편지 내용에 감옥에 갇혀 있는 상황에 대한 진술이 들어 있어야 한다는 점이다. 대표적인 옥중 서신인 빌립보서에는 "나의 매임"(1:7), "이러므로 나의 매임이 그리스도 안에서 모든 시위대 안과"(1:13), "형제 중 다수가 나의 매임으로 말미암아"(1:14), "그들은 나의 매임에 괴로움을 더하게 할 줄로"(1:17)라는 표현이 나온다. 이런 표현이 담긴 편지가 곧 옥중 서신이 된다.

유감스럽게도 초기 기독교 최고의 설교자이자 교회 개척자이며 신학자인 바울은 수시로 감옥을 들락거리는(?) 인물이었다. 이렇게 감옥을 제집 드나들 듯하는 바울이 전하는 그의 주(主) 예수는 또 어떤가. 예수는 당시 중범죄자나 반역자들의 대표적 형벌인 십자가형을 받고 사형당한 인물이다. 예나 지금이나 감옥을 들락거리는 사람이나 중범죄자에 대한 인식이 좋을 리 없다. 그런데 감옥을 자주 드나드는 사람이 중범죄자를 의인이요, 죄 없는 사람이라고 전하니 참 묘한 조합이다. 게다가 유대인들이 금쪽같이 여기는 모세의 율법은, 나무에 달려 죽은 사람은 하나님께 저주를 받았다고 선언한다.

"나무에 달린 자는 하나님께 저주를 받았음이니라"(신 21:23).

예수는 나무에 달려 죽은 사람, 즉 목사(木死)다. 유대인들의 심성 속에서는 당연히 알레르기를 일으킬 만한 그림이다. 바울도 이를 의식했는지 십자가에 못 박힌 그리스도를 전하는 것을 '스캔들'(scandal)이라고 했다(고전 1:23). 헬라어 '스칸달론'(σκάνδαλον)에서 유래한 스캔들은 오늘날 '추문'(醜聞)이나 '가십', 사회적 물의를 일으키는 사건 정도의 뜻으로 쓰이지만, 1세기 당시에는 '걸림돌', '덫', '함정'이라는 말의 동의어였다. 십자가에 달린 예수를 전하는 것이 사람들을 걸려 넘어지게 하는 함정이라는 뜻이다.

이런 이유에서 바울은 헬라의 지식과 지혜가 넘쳐나는 고린도에서 복음을 전하며, 당신들이 볼 때 십자가에 못 박힌 예수를 전하는 것이 스캔들이고 어리석은 것처럼 보이지만, 그 속에는 하나님의 능력과 지혜가 있다는 패러독스(Paradox)를 전한다. 그렇다! 하나님 나라와 복음에는 이런 역설 속에 진리가 들어 있다. 바울 서신도 예외는 아니다. 바울 서신 중에서 이런 역설이 돋보이는 것 중 하나가 빌립보서다. 빌립보서는 '빌립보에 있는 교회의 교인들에게 보낸 바울의 편지'이며, 앞에서 살펴보았듯이 대표적인 옥중 서신이다.

 유럽 선교의 시작

빌립보서의 역설은 바울이 감옥에 갇힌 고난 중에 있으면서도 가장 눈에 띄게 사용한 단어가 '기쁨'(χαρά, 카라)이라는 데 있다. 감옥은 안락한 곳이 아니다. 살기가 아주 힘든 곳이며, 다시 가고 싶지 않게 만드는 곳이다. 현재보다 과거가 더 그랬다. 심지어 귀족이나 고관대작(高官大爵)이라도 그곳에 있다면 무시당한다. 그곳은 제한된 공간이며, 불편하게 살아야 하고 자유가 없는 억압된 생활을 하는 곳이다. 그런 곳에서 기쁨을 떠올리고, 말끝마다 '기쁘다'라고 말하기는 결코 쉬운 일이 아니다. 하지만 바울은 비록 감옥에 있을지라도, 빌립보교회와 교인들을 생각하면 저절로 함박웃음을 짓게 된다. 기쁨, 즉 카라가 샘솟는 것이다(빌 1:4, 18, 25, 2:4, 13, 17, 18, 28, 29, 3:1, 4:1, 4, 10, 18). 무엇이 바울을 이렇게 기쁘게 하는 것일까? 바울은 왜 빌립보교회와 교인들을 생각하면 미소가 지어졌을까?

사도행전 16장은 바울 선교의 분기점을 이루는 중요한 지점이다. 특히 많은 설교자에게 회자되는 "성령이 아시아에서 말씀을 전하지 못하게 하시거늘"(행 16:6)이라는 구절과 깊은 연결점이 있다. 1차 전도 여행의 동반자였던 바나바와 갈라선 바울은, 바나바가 1차 여행 때와 같은 경로인 서쪽 구브로로 향한 것과 달리 북쪽으로 방향을 잡고 육로를 통해 곧장 소아시아 내륙 지역으로 들어간다. 거기서 그는 1차 전도 여행 때 머물렀던 도시인 더베(Derbe, 데르

베), 루스드라(Lystra, 리스트라), 이고니온(Iconium, 이코니온)을 차례로 들른다. 이윽고 계속 내륙 북쪽으로 올라가 브루기아(Phrygia)를 지나 현재 튀르키예 북서부에 있는 무시아(Mysia)에 이른다. 이때 성령은 아시아, 즉 당시 로마의 행정 구역인 무시아의 아래 지방을 더 돌아보려던 바울의 생각과 비전을 바꾸어 그가 그리스, 곧 유럽 전도를 결심하게 한다. 복음의 서진(西進)이라는 놀라운 사건의 시작이다!

이 사건을 계기로 대륙 북단 무시아까지 올라갔던 바울은 다시 남서쪽으로 방향을 틀어 드로아(Troas, 트로아스)로 내려간다. 드로아는 트로이 목마(Trojan Horse)로 유명한 트로이 전쟁(Trojan War)이 있었던 지역이다. 드로아에서 바울은 "마게도냐로 건너와서 우리를 도우라"라는 환상을 본 후 조금도 주저하지 않는다. 바로 마게도냐(Macedonia, 마케도니아), 즉 유럽 선교의 채비를 갖춘다(행 16:9-10). 드로아에서 배를 탄 바울과 일행은 곧바로 유럽으로 건너간다. 그들은 로마의 식민지이자 마게도냐의 첫 도시(πόλις, 폴리스)인 빌립보에 도착한다. 아시아인인 바울이 유럽으로 건너가 복음을 전한다는 감격이 어떠했을지는 짐작조차 할 수 없다. 아, 이제 복음이 아시아를 넘어 유럽에까지 전파되다니!

바로 이러한 배경에서 빌립보서를 읽을 때, 그 안에 넘쳐나는 기쁨의 비밀을 풀 수 있다. 바울에게 빌립보는 유럽에 처음 복음의 씨앗을 뿌린 곳이라는 의미가 있고, 빌립보 교인들에게는 바울을 통해서 예수 그리스도를 믿음으로써 얻는 구원의 도리를 처음 깨닫게 된 것에 대한 고마움이 있다. 이들은 이렇게 지은보은(知恩報恩)의 끈끈한 사랑의 관계 속에 있다. 이것이 빌립보서 곳곳에서 발견된다. 무엇보다 먼저 빌립보교회는 바울이 선교할 때 필요한 재정을 수시로 후원했다(빌 4:15-16). 더군다나 바울이 선교하다가 감옥에 갇혔을 때는 영치금(領置金)을 보냈을 뿐 아니라(빌 4:18), 옥바라지를 위해 에바브라디도(Επαφρόδιτος)를 보내기도 했다(빌 2:25-30). 그들의 관계가 그러했다.

 ## 유럽 최초의 그리스도인, 루디아

그렇다면 바울과 이렇게 서로 죽고 못 사는 관계에 있는 빌립보교회는 어떻게 개척되었을까? 유럽 최초의 교회인 빌립보교회의 개척에는 또한 유럽 최초의 그리스도인이 된 루디아(Λυδία)라는 한 여인이 있었다. 하나님은 언제나 사람을 통해서 일하신다. 그리고 필요한 사람을 찾아서 사용하신다. 사도행전 16장에는 빌립보교회의 태동에 깊이 관여한 루디아가 등장한다. 아쉽게도 사도행전은 빌립보교회의 산파인 루디아에 대해서 많은 것을 말하지 않는다.

루디아라는 이름에는 별 의미가 없다. 그저 루디아(Lydia, 리디아) 출신 사람이라는 평범한 뜻이다. 사도행전 16장 14절은 그녀의 이름에 더해서 직업이 '두아디라(Thyatira, 티아테라) 시에 있는 자색 옷감 장사'라고 간단히 덧붙인다. 두아디라는 소아시아 버가모(Pergamum, 페르가모)의 남동쪽에 있는 도시로, 주로 자색 옷감을 생산·유통하며 루디아 지방에 속한다. 그녀의 이름과 활동 지역으로부터 그녀는 본디 유대인이 아니며, 루디아 지역에서 출생하고 성장했다는 것을 유추할 수 있다. 게다가 그녀가 귀족들이 입는 값비싼 의복 소재인 자주 옷감을 취급한다는 말은 경제적으로 상당히 여유가 있는 사업가라는 뉘앙스를 풍긴다. 종합하면 두아디라 출신의 재력 있는 여성 사업가 이미지가 연상된다. 굳이 우리식으로 말하면 거상(巨商) 군산댁 정도로 생각하면 될 것이다.

더하여 그녀는 '하나님을 섬기는 자'로 그려진다. 사도행전 10장에 나오는 가이사랴(Caesarea, 카이사레아)의 고넬료(Cornelius, 코르넬리우스)를 소개할 때도 누가는 그를 '경건한 자' 그리고 '하나님을 경외하는 자'라고 표현한다. 이 표현은 상투(常套)적으로 이방인이면서 유대교를 받아들인 개종자(改宗者)를 부를 때 쓰는 말이다. 루디아가 유대교의 가르침을 따라 하나님을 믿는 이방인이라는 말이다. 그런데 그녀는 너무나 과감하다! 이방인으로 유대교의 가르침을 따라 하나님을 경외(敬畏)하던 그녀가 아시아에서 건너온 낯선 전도자의 설교를 경청(傾聽)하더니 복음을 받아들인다. 이방인으로 유대교에 합류한 것도 대단한데, 그것을 뛰어넘어 신생(新生) 기독교로 개종한 것이다. 더 나아가 바울과 전도자들을 자기 집에 초대하고, 집안 모든 사람이 세례를 받을 뿐만 아니라, 그들에게 자기 집을 내주며 강권하여 그 집에 머물게 한다(행 16:14-15). 이것이 실로 루디아의 집에서 가정 교회(House Church)로 출발한 빌립보교회의 전모(全貌)다.

어떻게 이것이 가능할까? 빌립보는 유대인이 많이 거주하는 도시가 아니었다. 빌립보에서 바울이 회당을 발견하지 못한 이유이기도 하다. 안식일이 되자 그는 유대인들의 기도처가 있을까 하여 빌립보시 외곽의 강가를 찾았다. 유대인들은 안식일에 걷기 적당한 거리 안에 남성 10인 이상이 모여 있어야 회당(συναγωγή, 쉬나고게)을 세울 수 있었다. 가까운 거리에 열 가정이 없으면 회당을 세울 수 없었기에, 그들은 회당을 세우지 못할 경우 강가에서 기도하는 전통을 가지고 있었다(시 137편; 겔 1:1 등). 바울과 일행은 마침 거기서 기도하는 한 무리의 여인을 발견하고 복음을 전했다. 그때, 여러 여인 중 하나인 루디아가 바울의 설교에 깊이 매료되었다. 그가 무슨 이야기를 하는지 알아들었다는 것이다. 그리고 바로 그때 하나님은 그녀의 마음을 열어 주셨다(행 16:14).

루디아가 바울이 무슨 이야기를 하는지 알아들었다는 말은 무슨 뜻일까? 또 바로 그때 하나님이 그녀의 마음을 여셨다는 것은 무엇을 의미하는 것일까? 회자되는 말 중에 "알아야 보이고, 보이면 사랑한다"라는 말이 있다. 루디아는 바울의 설교가 무엇을 뜻하는지 알았다. 그래서 그것을 사랑할 수밖에 없었을 것이다. 이렇게 하나님은 당신을 사랑하는 사람의 마음을 열어 주시고, 그 사람과 동역하신다. 아우구스티누스(Augustinus)가 말한 것처럼, 하나님께 알려진 만큼 사랑을 받은 것이다(tantum cognoscitur, quantum diligitur).

1. 루디아는 이방인이었음에도 이미 '하나님을 섬기는 자'로 준비되어 있었고, 결정적인 순간에 하나님께서 그 마음을 열어 주셨습니다. 당신의 삶에서 하나님이 마음을 열어 주셨다고 느꼈던 순간이나 영적인 체험이 있다면 나누어 보세요.

2. 루디아는 복음을 듣자마자 자신의 집을 내놓으며 가정 교회의 기틀을 마련했습니다. 당신은 당신이 가진 재능이나 시간, 물질 등을 복음을 위해 드린 적이 있나요? 있다면, 그때의 마음이 어땠는지 함께 나누어 보세요.

21. 협력하여 교회를 세운 브리스가와 아굴라

συνεργία(쉰에르기아, 협력/합력)

고대 그리스 철학자 플라톤의 《향연》(Συμπόσιον)에는 인간의 기원에 대해 소크라테스(Σωκράτης)와 대화하는 아리스토파네스(Ἀριστοφάνης)라는 인물이 등장한다. 그는 인간의 기원을 설명하면서 인간은 둥근 목 위에 두 개의 얼굴을 가진 하나의 머리가 있었으며, 이 머리에 있는 두 개의 얼굴은 서로 반대쪽을 바라보고 있었다고 한다. 이 인간은 얼굴이 둘이기에 귀도 네 개나 있으며, 한 몸뚱이에 팔이 넷 그리고 다리도 넷이다. 이렇게 만들어진 인간은 모든 면에서 너무나 강력해서 제우스(Ζεύς)는 그것을 반으로 나누어 그 힘을 약화했다고 한다. 그래서 인간은 잃어버린 반쪽을 늘 연모(戀慕)하게 되고, 잃어버린 자신의 반쪽인 '소울메이트'(soulmate)를 찾고자 하는 열망을 갖는데 그것이 '에로스'(ἔρος)라고 한다.

《향연》에 나오는 이 이야기는 적어도 남녀가 사랑으로 하나 될 때 강렬해지고 더 단단해져서 완전함에 이를 수 있다는 철학적 설명을 담고 있다. 이것은 구약성경 창세기 2장 18절 이하의 '하와의 탄생' 이야기와도 어느 정도 궤를 같이한다. 하나님은 깊이 잠든 아담의 갈빗대로 하와를 만드신다. 이때 아담은 하와를 향해서 "내 뼈 중의 뼈요 살 중의 살이라"(창 2:23)라고 부른다. 바로 네가 나요, 내가 너라는 탄성(歎聲)이다. 그리고 이 둘은 더 이상 둘이 아니라 하나가 된다. 그래서 이어지는 24절에서 하나님은 이 둘이 한 몸을 이룬다고 말씀하신다. 하나님은 이렇게 남자에게 '돕는 배필'인 여자를 만들어 주심으로 남녀가 가정을 이루어 더 완전하고 단단해지게 하셨다. 부부(夫婦)가 한 몸으로 이룬 가정은 하나님이 주신 창조의 선물이다.

그런데 남녀가 연합하여 이룬 부부는 그 강력한 힘으로 가정의 어려움을 헤쳐나가기도 하지만, 역경의 파고(波高) 앞에서 침몰하는 불상사가 나기도 한다. 가정이 살기도 하고 죽기도 하는 것이다. 이것은 둘이 하나 된 부부라는 힘이 진실하고 성실하게 작용하느냐, 그렇지 않느냐의 차이일 수 있다. 이것은 신앙의 길에서도 마찬가지다. 부부가 신앙의 길을 함께 갈 때 어떤 경우는 서로의 장점을 살리는 시너지(συνεργία, 쉰에르기아)가 일어나 아름다운 동행(同行)이 되기도 하지만, 그렇지 못할 때는 파행(跛行)을 겪기도 한다. 이런 문제는 초기 기독교의 역사에서도 나타난다. 신약성경은 이 두 가지 양극단에 있는 부부 모델을 소개한다.

 ## 서로 대조적인 두 부부

첫 번째 부부는 사도행전 5장의 아나니아와 삽비라다(행 5:1). 이들 부부는 예루살렘에 처음 세워진 기독교 공동체의 일원이었다. 이 부부의 이름에서 이들이 유대인이라는 사실을 알 수 있다. 남편의 이름인 아나니아는 유대인의 이름을 헬라어식으로 발음한 것이다. 더 정확히 발음하면 '하나니아스'(Ἀνανίας)고, 히브리어로 환언하면 '하나냐'(חֲנַנְיָה)다. 그 의미는 '하나님이 은혜를 베푸신다, 하나님의 은혜'라는 뜻이다. 그의 아내 '삽비라'(Σάπφειρα) 역시 유대식 이름이다. 삽비라는 사파이어라는 푸른 보석을 부르는 '사피르'(סַפִּיר)에서 왔다. 보석같이 아름답고 예쁘다는 뜻이다. 하나님의 은혜로 보석같이 아름다운 인생을 산다는 부부다. 그러나 이들 부부의 모습은 그렇게 아름답지 못했다.

우리가 성경을 통해서 아는 것처럼, 어떤 면에서 이들은 허영과 거짓이 가득한 부부였을 수 있다. 자신이 가진 것보다 훨씬 많은 것을 가진 것처럼 보이고 자기가 할 수 없는 일까지 할 수 있는 것처럼 과시하고 싶은 마음이 있었던 것 같다. 그러나 사람은 자신의 분수를 아는 것이 중요하다. 마치 복어가 자신의 본 몸집은 작지만 한껏 부풀려 자신의 몸집보다 더 크게 보이게 하다가도 곧 원래의 모습으로 돌아갈 수밖에 없는 것처럼, 자신의 크기와 능력을 초과하여 포장하는 것은 그릇된 것이다. 좋은 이름을 가지고 최초의 교회에 합류했던 부부 아나니아와 삽비라는 그들의 그런 성향이 걸림돌이 되어 비극적 종말을 고한다(행 5:1-11).

두 번째 부부는 아굴라와 브리스가다. 아나니아와 삽비라가 팔레스타인 예루살렘에 거주했던 유대인 부부라면, 아굴라와 브리스가는 팔레스타인 밖, 즉 유대 땅 밖 외국에 거주하던 디아스포라 부부다. 디아스포라는 일반적으로 유대인으로서 유대 땅에 살지 않는 사람들을 일컫는 말이다. '흩어져 있다'라는 뜻이다. 구약의 역사를 보면 유대인들은 앗수르(B. C. 722)와 바벨론(B. C. 586)의 침공에 의해 포로로 잡혀가면서 강제로 외국으로 이주당했던 슬픈 역사가 있다. 우리나라의 이민 역사도 어느 정도는 이와 다르지 않다. 고려인과 조선족의 이주 역사는 우리나라의 아픈 과거와 결부되어 있다.

이런 맥락에서 아굴라와 브리스가라는 이름이 로마식이라는 것은 시사하는 바가 있다. 아굴라(Ἀκύλας, 아퀼라스)라는 이름은 라틴어 'Aquila'의 헬라식 발음으로 '독수리'라는 의미가 있다. 브리스가(Πρίσκα, 프리스카)라는 이름 역시 라틴어 'Prisca'에서 유래한 '전통적', '고귀한'이라는 뜻이 있으며, 여성에게 사용될 때는 '우아한'이라는 의미도 있다. 브리스가라는 이름은 또한 애칭으로 브리스길라(Πρίσκιλλα)라고 불리기도 한다. 다시 말해서, 이들 부부는 팔레스타인 유대 땅이 아니라 로마식 이름을 갖고 로마 지역에 거주하던 사람들이라는 것을 알 수 있다.

신약성경에서 갈라디아서와 함께 이신칭의(以信稱義)의 교리가 잘 서술된 로마서를 보면, 바울의 다른 서신과 달리 결말 부분에 이례적으로 긴 안부 인사를 한다. 이 장문(長文)의 안부 인사는 바울이 로마교회와의 깊은 연대를 은근히 강조하기 위해 추가한 것으로 보인다. 여기에 거명된 사람은 무려 스물네 명이다. 그런데 스물네 명이나 되는 사람에 대한 안부 인사에서 바울은 누구보다도 가장 먼저 브리스가와 아굴라 부부를 언급한다. "너희는 그리스도 예수 안에서 나의 동역자들인 브리스가와 아굴라에게 문안하라"(롬 16:3)가 그것이다. 그리고 이어지는 구절은 더 의미심장하다.

"그들은 내 목숨을 위하여 자기들의 목까지도 내놓았나니"(롬 16:4a).

바울은 이들에 대해서 주저함 없이 자신과 생사고락을 같이한 동지요, 동역자(συνεργός, 쉰에르고스)라는 칭찬을 아끼지 않는다. 이들의 관계는 서로를 위해 모든 것을, 심지어 목숨까지도 아낌없이 내놓는 사이라는 말이다. 이들에게는 무슨 일이 있었던 것일까? 어떤 사연이 있기에 바울의 머릿속에 가장 먼저 떠오르는 사람이 되었고, 가장 먼저 인사를 하며, 이런 비장한(?) 찬사를 바치는 사람이 된 것일까? 이 부부의 일이 정말 궁금하지 않을 수 없다.

 바울의 아름다운 동역자, 브리스가와 아굴라

이 실마리를 풀기 위해서는 초기 기독교의 역사를 전해 주

는 사도행전을 살펴볼 필요가 있다. 비록 역사가 사건이 발생한 뒤의 재구성이지만, 역사는 과거를 현재에 재연하고 거울삼게 한다.

사도행전은 신약성경 안에서도 역사서의 장르로 구분한다. 그 이유는 신약성경의 다른 주요 장르인 복음서나 서신서와 달리 역사적 기술 방식과 관심에서 기록되었기 때문이다. 사도행전뿐 아니라 그 전작(前作)인 누가복음은 '역사의 신학자'라고도 불리는 누가가 저술하였다고 본다. 하나님의 구원사가 세속사에서 펼쳐진다는 역사적 관점을 가지고 있는 누가가 바로 그런 방식으로 사도행전도 누가복음의 후편(後篇)으로 쓴 것이다. 사도행전에는 최초의 교회가 어떻게 설립되었는가에 대한 것뿐 아니라 복음이 어떻게 당시 세계의 심장부인 로마에까지 전파되었는지 그 과정을 보여 준다. 특히 바울의 전도 여행이라는 얼개를 통해서 사도행전을 박진감 있게 구성한다.

사도행전 16-18장은 소아시아 선교를 마친 바울이 유럽으로 눈을 돌려 현재 그리스의 중북부 지방인 마게도냐를 거쳐, 철학자의 도시 아덴(Ἀθῆναι, 아테네)을 지나 중남부 지방인 아가야에 도착한 이야기를 담고 있다. 18장은 아가야 지방의 수도인 고린도에 어떻게 고린도교회가 설립되었는지를 설명하는 대목이다. 바울은 고린도에서 브리스가와 아굴라 부부를 만나 함께 교회를 세우는데, 앞에서 살핀 바처럼 이들 부부는 원래 로마에 거주했었다. 그런데 주후 49년, 로마 황제 글라우디오(Claudius, 클라우디우스)가 공포한 '유대인 추방령'에 의해서 로마를 떠나 고린도까지 이르게 되었다(행 18:2).

누가는 다시 한번 이들이 유대인이며 바울과 같은 직업(ὁμότεχνον, 호모테크논)인 천막을 만드는 사람이었다고 알려 준다.

브리스가와 아굴라 부부가 바울과 보통 사이가 아니었다는 사실은 바울이 사역을 마치고 고린도를 떠날 때 다시금 확인할 수 있다. 바울은 이제 고린도를 떠나 에베소로 향한다. 그런데 고린도에서 바울을 만난 이들 부부는 바울과 함께 전도 여행에 동참한다. 누가는 그 사실을 다음과 같은 기록으로 들려준다.

"바울은 더 여러 날 머물다가 형제들과 작별하고 배 타고 수리아로 떠나갈새 브리스길라와 아굴라도 함께하더라"(행 18:18a).

그렇다. 브리스가와 아굴라는 고린도에서 바울을 처음 만나 고린도교회를 세우고, 이제는 아무 주저 없이 바울을 따라 선교하는 선교의 동역자가 된 것이다. 이들 부부가 바울과 함께 고린도교회를 세울 때 얼마나 정성과 열심을 쏟았는지는 바울이 고린도교회에 보낸 첫 번째 편지에서 확인할 수 있다.

에베소로 떠난 바울은 고린도교회에 발생한 여러 가지 문제에 근심하며 편지를 띄운다. 이 편지의 결말에는 안부 인사가 등장하는데, 여기에 아굴라와 브리스가 부부의 인사도 들어 있다.

"아굴라와 브리스가와 그 집에 있는 교회가 주 안에서 너희에게 간절히 문안하고"(고전 16:19).

이들의 간절한 문안은 아마도 처음 교회를 개척할 때의 그 모든 어렵고 힘들었던 일이 녹아 있는 애틋한 안부 인사일 것이다. 그리고 그 교회를 향한 변함없는 사랑과 관심의 표현일 것이다. 더구나 놀라운 것은 아굴라와 브리스가 부부가 에베소에 또다시 새로운 가정 교회를 개척했다는 사실이다. 바울은 이들 부부의 집에서 교회가 개척되었다는 것을 분명히 한다.

'아굴라와 브리스가와 그 집에 있는 교회'(with the church that is in their house).

더 놀라운 것은 고린도를 떠나 에베소(Ἔφεσος)로 이주했던 브리스가와 아굴라가 에베소에서 사역할 때, 성경에 능통하고 설교 능력이 출중한 당시의 순회 선교사 아볼로(Ἀπολλῶς, 아폴로스)에게 하나님의 도(道)의 깊은 경지를 정확하게 풀어 가르치기까지 했다는 점이다(행 18:24-26). 너무나 놀라운 일이 아닐 수 없다.

신앙의 도상(途上)에서 어떻게 하면 이렇게 자신의 목숨과 바꿀 수 있는 사이가 될 수 있을까? 그것도 한 사람의 헌신이 아니라 부부가 일심동체(一心同體)로 한마음 한뜻을 가질 수 있을까? 부부는 정말 하나님이 창조하신 기적이 아닐 수 없다. 바울과 함께 고린도와 에베소 그리고 로마에서 보여 준 이들 부부의 활약과 헌신 그리고 그 깊이를 차마 헤아릴 수가 없다. 이 모든 역량과 한계의 극복은 어찌 보면 부부라는 둘이 하나 됨의 기적의 결과일 수 있다. 하나님은 남녀가 하나 되어 부부를 이룰 때 그 안에서 솟아나는 무한한 능력과 가능성을 이미 부부의 창조 원리에서 말씀하셨다. 브리스가와 아굴라 부부는 바로 그런 부부의 모범적인 사례라고 할 수 있다.

1. 아나니아와 삽비라 부부는 부정적인 방향으로 마음이 일치했습니다. 부부가 함께 잘못된 길로 빠지지 않기 위해서는 서로에게 어떤 역할을 해 주어야 할까요?

2. 브리스가와 아굴라 부부는 자신들의 집을 개방하여 교회를 세우고 아볼로 같은 영적 지도자를 양육했습니다. 당신의 가정이 영적으로 쓰임 받고 누군가를 세워 주는 통로로 쓰이기 위해 오늘 바로 실천할 수 있는 작은 일은 무엇일까요?

22. 죽음을 깨우고 일어난 소년 유두고

θάνατος(싸나토스, 죽음)

성경에는 현대의 독자가 간혹 잘 이해하기 어려운 기적과 신비한 일이 나타난다. 성경에 전승된 이런 기적과 신비한 일은 성경을 기록한 저자나 그것을 읽었던 당시의 독자에게는 아무런 문제가 되지 않았다. 오히려 성경의 저자들은 독자의 이해를 돕기 위해 이런 기사(奇事)와 이적(異蹟)을 적극적으로 활용하여 성경을 기록했다. 이런 이유로 신약성경의 저자들이 성경을 기록하기 위해 수집했던 자료에는 예수의 말씀을 모아 놓은 '말씀 어록집'(Logia)이 있는가 하면, 신비한 기사와 이적을 모아 놓은 '기적/표적 자료집'(Semeia)도 있었다.

신약성경에 나타나는 기적과 신비한 일을 잘 이해하고 소화하기 위해서는 신학적인 소양이 필요하다. 왜냐하면 신약성경이 바라보는 시간과 공간의 개념은 신학적이기 때문이다. 그리고 신학적 표현은 때로 강한 상징과 비유로 나타나고, 이런 표현이 주로 등장하는 곳이 바로 성경이기 때문이다. 특히 예언과 계시를 다루는 성경은 이러한 경향이 더 강하기 마련이다. 예를 들어, 구약성경의 다니엘과 신약성경의 요한계시록이 그렇다.

신학은 유럽을 거쳐서 미국에서 활발하게 전개된 학문이다. 당연히 그 신학적 개념과 용어는 우리말로 적확하게 번역되지 않을 때가 많아 때로는 낯설기도 하고 오해를 불러일으키기도 한다. 이것은 어떤 언어든지 번역의 과정을 거칠 때 피할 수 없는 현상이다. 이런 의미에서 성경도 본래 기록되었던 언어에서 다른 언어로 번역될 때 시대에 따라서 그 정확한 의미가 생래적(a priori)으로 잘 전달되지 않을 가능성을 배태하고 있다. 어느 나라 언어든지 번역의 대본이 되는 출발어와 번역된 도착어가 정확히 일치하기는 어렵다. 근사(近似)의 번역을 할 수밖에 없고, 성경도 어떤 의미에서 예외가 될 수 없다.

기적과 관련하여 그러한 예로, 오병이어 또는 칠병이어의 기적에 대한 신학적 설명의 경우도 그렇다. 서구 신학에서는 많은 무리에게 먹을 것을 제공했다는 의미에서 오병이어와 칠병이어의 기적을 주로 '급식 기적'(Feeding Miracle)이라고 기술한다. 말은 맞지만 '오병이어의 기적'을 '급식 기적'이라는 말로 번역하면 다소 낯설다. 또 다른 예로, 예수께서 병자를 직접 대면하지 않고 말씀만으로 고치셨다는 기적이 신약성경의 곳곳에 나온다. 로마 백부장의 하인이 병들었을 때(마 8:5-13; 눅 7:1-10), 또 수로보니게, 곧 시리아-페니키아 여인(Syro-Phoenician woman)의 귀신 들린 딸을 치유했을 때(막 7:24-30)도 예수께서는 직접 가지 않고 말씀만으로 고쳐 주셨다. 이렇게 예수께서 직접 가지 않고 고치신 기적적 치유 사건은 서구 신학자들이 '원격 치유'(Remote Healing)라는 전문용어로 부르는데, 이것 역시 말은 맞지만 좀 낯설다.

유두고의 추락

사실 기적은 모두 낯설다. 평소에 경험하지 못하고 자연의 물리법칙과 어긋날 때 벌어지는 사건은 모두 낯설 수밖에 없다. 그렇다면 성경을 읽는 독자와 신자들은 성경에 기록된 이런 기적을 어떻게 이해해야 할까?

사도행전의 제목은 사도들의 여러 활동(acts)과 실천(practices)을 모아 놓은 성경이라는 의미에서 '사도들의 사역'(Πράξεις ἀποστόλων, 프락세이스 아포스톨론)이다. 그런데 거시적 안목에서 사도행전을 읽으면, 많은 사도의 사역을 기록했다기보다는 1세기 초기 기독교의 탁월한 지도자 베드로와 바울을 그 중심에 놓는다는 것을 알 수 있다. 사실 사도행전은 "베드로가 … 떠나 다른 곳으로 가니라"(행 12:17)를 기준으로, 극명하게 전반부 베드로의 사역과 후반부 바울의 사역으로 나뉜다. 베드로와 바울을 병렬적으로 대비하여 전개한다는 의미다. 그래서 바울의 사역과 베드로의 사역은 너무나 유사하게 닮은 꼴로 묘사된다. 바울의 선포에 수반된 치유의 사역과 축귀는 베드로에게도 똑같이 나타난다. 심지어 베드로에게 죽은 사람도 살리는 놀라

운 기적이 나타나는데(행 9:36-43), 바울에게도 같은 기적이 일어난다
(행 20:7-12).

이 중에서 바울에게 있었던 한 기적 사건에 주목해 보자. 사도행
전 20장은 사도행전을 구성하는 얼개인 세 번에 걸친 바울의 전도
여행(1차 13:1-14:28, 2차 15:36-18:22, 3차 18:23-19:20)의 마무리이자 끝자락
에 자리한다. 이제 그의 죽음이 기다리고 있는 예루살렘으로 향하
는 여행을 암시하며, 누가복음에서 예수께서 예루살렘으로 올라가
려고 굳게 결심하며 앞서서 가신 사건과 데자뷔를 이룬다(눅 19:28).
사도행전은 이때 처음에 밝힌(행 1:8, 2:9) 지리적 프로그램을 연상하
는 여행 계획을 반복하며 바울의 여정이 막바지에 이르렀음을 독자
에게 암시한다(행 19:21).

이런 계획 속에서 수리아를 거쳐서 예루살렘으로 가려던 바울
일행은 빌립보에서 배를 타고 떠난 지 닷새 만에 드로아에 도착하
여 일주일간 머무른다(행 20:6). 이때 바울은 그 주간의 주일 설교, 강
론을 맡았다. 당시 가정 교회인 빌라의 3층에서 진행된 이 설교는
한밤까지 계속되었다. 이제 다시 만날 수 없다는 아쉬움에 설교자
도 청중도 시간 가는 줄 몰랐던 것 같다. 이 장면을 전하는 사도행전
20장 8절은 의미 있는 기록을 남긴다.

"우리가 모인 윗다락에 등불을 많이 켰는데."

유월절이 지난 드로아 지역의 밤은 제법 쌀쌀하다. 어두운 실내

를 밝히려면 많은 램프를 켤 수밖에 없다. 당시 지역의 가정 교회는 100명 정도가 들어갈 수 있는 빌라에서 주로 개척되었다. 드로아의 가정 교회도 밤이 깊어지고 바울의 강론이 길어질수록 많은 램프가 잡아먹는 산소와 원활하지 못한 공기의 순환으로 아마 맨 앞줄부터 차례로 조는 사람이 늘었을 것이다. 설교는 언제나 달콤하다. 졸음을 참으려고 했을까? 이때 한 청년이 강단에서 멀찍이 떨어진 창가에 걸터앉아서 바울의 설교를 듣는다. 정말 위험천만한 상황이다. 그런데 급기야 그가 거기서 졸기 시작한다(행 20:9). 그런데도 바울의 설교는 그칠 줄을 모르고 계속된다. 결국 졸음을 이기지 못한 청년이 3층 난간에서 아래로 떨어지는 대형 사고가 일어난다.

예나 지금이나 교회에서 사고가 나면 정말 큰일이 아닐 수 없다. 잘못되면 전도의 문이 막히고 교회가 문을 닫는 심각한 일을 초래하기도 한다. 놀라서 아래로 먼저 뛰어 내려간 사람들이 말한다. 청년이 죽었다고 말이다. 깜짝 놀란 바울은 단숨에 아래로 뛰어 내려간다. 3층에서 1층으로 내려가는 바울에게 무슨 경황이 있을까? 그의 머릿속은 하얘지지 않았을까? '하나님, 살려 주세요!' 이런 간절한 심정으로 기도하지 않았을까?

 바울, 죽은 소년을 살리다

이 청년의 이야기를 조금 생각해 보자. 우선 개역개정이

'청년'으로 번역한 것에는 조금 무리가 있다. 이는 굳이 헬라어 원문 성경을 보지 않고 우리말 성경의 번역 역사만 살펴봐도 알 수 있다. 스코틀랜드 출신 만주 선교사 로스와 그의 매제 매킨타이어의 결실인 우리나라 최초의 신약성경 완역판 '예수셩교젼서'는 이 이야기의 시작과 끝을 이렇게 번역한다.

"한쇼년사름의일흠은유투코니문턱에안져깁피조더니 … 뭇사름이쇼년올붓들어살으물보고심히안위ᄒ더라"(행 20:9, 12).

이 성경에는 한글의 고어가 사용되었고 띄어쓰기가 전혀 없다. 그 뒤에 다시 번역된 성경번역위원회의 '공인역'(1906)은 같은 부분을 각각 "유두고라 하는 청년이 창에 걸터 안젓다가 깁히 조울더니"와 "사람들이 살아난 아해를 다리고와서 위로를 적지안케 밧앗더라"로 번역한다.

우리 성경의 옛 번역에서는 유두고를 '청년'보다는 '소년' 또는 '아이'로 번역했다. 헬라어 신약성경 원문은 이 부분을 '네아니아스'(νεανίας)라고 한다. 개역개정은 네아니아스를 통일되게 '청년'으로 번역하지만, 최초의 우리말 성경은 '소년'으로 그리고 개역개정 직전의 번역본인 개역한글은 한 번은 '청년', 한 번은 '아이'로 번역한다. 고대의 인구학적 정보를 유추할 수 있는 히포크라테스(Ἱπποκράτης)의 의학서는 당시의 나이 구분을 이렇게 한다. 1-7세는 파이디온(παιδίον), 8-14세는 파이스(παῖς), 15-22세는 메이라키온

(μειράκιον), 18-30세는 네아니스코스(νεανίσκος), 30세 이상은 안네르 (ἀνήρ) 그리고 50세 이상은 프레스뷔테로스(πρεσβύτερος)다.

유두고 이야기는 유두고를 '네아니아스'라고 시작했다가(행 20:9), '파이스'로 끝낸다(행 20:12). 즉 '공인역'의 번역처럼 '청년'으로 시작해서 '아해'로 끝난다는 말이다. 우리의 옛말 성경이 모두 '소년'이나 '아이'로 번역한 것으로 볼 때, '소년'일 개연성이 높다. 원문에서도 장면이 원경(遠景)에서 근경(近境)으로, 다시 말해 줌인(Zoom-in)이 되어 결말에 모든 것을 밝히고 종결된다는 관점에서 보면 정확히 포커스를 맞출 때의 장면에 소년이 나타난다. 청년인 줄 알았는데 실상은 어린 소년이라는 것이다. 극적인 효과가 더 배가된다.

소년 유두고(Εὔτυχος, 유튀코스). 그 이름의 뜻처럼 그는 정말 '복덩어리'이며 '복동이'다. 그로 인하여 많은 사람이 위로받았다. 성경은 이런 기적을 많이 보여 준다. 특히 복음서를 읽을 때 예수는 많은 기적과 표적 등 권능을 행하신다. 유두고 사건에서 보듯이 바울은 베드로처럼, 아니 예수처럼 그의 사역 기간에 많은 기적과 표적을 행했다. 비록 바울이 자신의 사역에 수반된 이런 기적을 믿음의 어떤 보증과 표지로 사용하지 않았을지라도, 바울 역시 자신의 사역에 언제든지 이런 기적과 표적이 나타난다는 확신이 있었을 것이다. 당연히 이런 기적과 표적은 그것을 부인하는 사람들과 그를 공격하는 사람들에게는 평가절하되었을 것이다.

그렇다면 성경의 세계에는 합리적인 사람에게 오히려 부담과 오해를 일으키는 기적과 표적이 왜 등장하는 것일까? 베드로의 그림

자만 지나가도 치료가 되고(행 5:15), 바울이 사용하던 손수건이나 앞치마를 가져다가 병자에게 얹기만 해도 낫는다는(행 19:11-12) 주술적인 믿음을 왜 전해 주는 것일까? 때로는 믿음으로 치유 받는 것과 의술의 도움으로 치료되는 것조차 구분하기 어려울 때도 있는 것이 사실이다. 그럼, 왜?

성경의 세계는, 아니 하나님은 이런 원시적 방식으로 여전히 사고하는 사람들에게는 그 사람의 수준에 맞추어 역사할 수 있음을 보여 주신다. 12년이나 혈루증을 앓던 여인이 갈급한 심정으로 예수의 옷깃에 손을 대었을 때(막 5:25-34) 예수께서 치유를 허락하신 것은, 그 간절함으로 그녀를 온전하게 할 뿐 아니라, 궁극적으로는 그것을 통하여 그녀가 예수와 개인적인 만남을 갖게 하기 위해서였다. 기적은 이렇게 예수를 만나는 통로가 된다. 그래서 성경에는 기적이 나타나고, 우리에게는 기적이 필요하다!

◆ **질문과 나눔** ◆

1. 성경은 왜 베드로와 바울의 기적을 닮은꼴로 기록했을까요? 이것은 당시 초대 교회 공동체에 어떤 메시지를 주었을까요?

2. 당신은 '기적은 예수를 만나는 통로가 된다'는 결론에 대해 어떻게 생각하나요? 크고 작은 기적 같은 일들을 통해서 예수를 만났던 경험이 있다면 나누어 보세요.

23. 배움으로 더 단단해진 동역자 아볼로

συνεργός(쉰에르고스, 동역자)

 **앙겔로스와 편지**

고대 사회는 편지로 소식을 전하는 시스템이 보편적이었고, 이는 국가의 흥망을 유지하는 중요한 수단이기도 했다. 고대 역사가 헤로도토스(Herodotus)는 고대 페르시아의 우편 시스템을 보고 "죽을 운명을 가진 그 어떤 것도 전령(傳令)보다 더 신속히 임무를 완수하는 것은 없다"라고 기록했다(Hist. 8.98.1-2). 전령의 임무가 막중하고 신속해야 함을 잘 표현한 말이다. 고대 사회에서 국가의 명령이나 소식을 전달하는 전령은 눈이 오나 비가 오나, 밤이나 낮이나 쉬지 않고 말을 달려 임무를 완수해야 했다. 하지만 그들은 오직 하루 동안만 달렸고, 이후에는 다음 전령에게 임무를 넘겼다. 페르시아의 이러한 우편 시스템은 고대 그리스 지역을 통일하고 지중해 세계를 제패한 알렉산더(Alexander the Great)에게 계승되었고, 그의 제

국을 물려받은 후계자들 역시 이것을 이어받았다.

이런 영향에서 헬라어로 '메시지를 전하는 자, 소식을 전하는 자', 즉 사자(使者)를 뜻하는 단어 '앙겔로스'(ἄγγελος)는 고대 페르시아어로 '말을 타고 소식을 전하는 자'를 의미하는 '앙게레이온'에서 왔다고 본다. 헬라 세계로 넘어간 이 용어는 앙겔로스를 보낸 주체에 의해서 뜻이 달라진다. 앙겔로스가 사람의 심부름을 할 때는 사자를 의미하고, 신적 존재의 심부름을 할 때는 천사(天使)가 된다. 헬라어 앙겔로스는 이렇게 중의적 의미가 있어 문맥에 따라 잘 번역해야 하는 단어이기도 하다.

초기 기독교회를 묶어 주고 소식과 정보를 주고받는 것 역시 당연히 이런 시스템에 의지했다. 바울과 사도들은 교회의 당면 문제나 교리를 가르칠 때, 혹은 이단에 대한 경계와 교육이 필요할 때 편지를 사용했다. 신약성경 스물일곱 권 중 편지글이 스물한 권이나 되는 이유다. 당시 가장 빠르게 소식을 주고받는 수단은 메신저, 즉 앙겔로스를 이용하는 것이었고, 그들에 의해서 교회와 교회, 사도와 사도 간의 소통이 이루어졌다. 편지를 통한 소통은 초기 기독교회를 하나로 묶어서 '사도적이고 거룩하고 동일한 교리를 추구하는 유일한 교회'(Una Sancta Catholica Apostolica Ecclesia)를 형성하는 중요한 수단이었다. 이러한 정신은 교회를 하나로 묶으려는 노력이 담긴 편지들을 신약성경의 뒤쪽에 모아 놓게 했고, 이 편지들은 공동서신(catholic epistles)이라는 장르로 분류된다.

바울 역시 자신이 전도 여행 중에 개척한 소아시아와 유럽의 교회와 소통할 때 편지를 이용했다. 이것이 신약성경에 바울의 이름으로 기록된 편지가 열세 개나 되는 이유이기도 하다. 고린도전서 1장 11절에 보면, 바울은 고린도전서라는 편지를 쓴 이유를 말한다.

"글로에의 집 편으로 너희에 대한 말이 내게 들리니."

또한 고린도후서 10장 9절에서는 "이는 내가 편지들로 너희를 놀라게 하려는 것같이 생각하지 않게 함이라"라고 쓴다. 이런 표현들에서 고린도교회와 바울이 고린도전·후서를 포함해서 여러 차례 편지를 주고받으며 서로 소식을 전한 것을 알 수 있다.

 ## 고린도교회의 분열과 바울의 편지

글로에(Χλόη)의 집 편으로 바울에게 전달된 소식이 무엇이 었는지는 고린도전서에서 찾을 수 있다. 그것은 고린도교회에 발생한 문제이기도 한데, 그 심각성을 편지에 나타난 주제어로 파악할 수 있다. 분쟁(1:10-11), 음행(5:1), 우상의 제물(8:1), 신령한 것/은사(12:1), 내가 받은 것/부활(15:1) 등이다. 여기에서 바울이 가장 우선시한 문제는 그가 제일 먼저 언급한 분열이다. 이 분열 문제의 중심에 한 사람이 자리하고 있었는데, 그가 바로 아볼로다.

고린도전서 1장 12절은 당시 상황을 이렇게 전한다.

"내가 이것을 말하거니와 너희가 각각 이르되 나는 바울에게, 나는 아볼로에게, 나는 게바에게, 나는 그리스도에게 속한 자라 한다는 것이니."

바울은 고린도교회의 파당(派黨)과 분열을 말하며 게바와 그리스도도 언급하지만, 이는 다소 과장된 표현이며 실제로는 아볼로의 문제로 볼 수 있다. 이것은 바울이 뒤에 다시 부연하는 3장 4절과 4장 6절에서 확인할 수 있다. 두 구절에서 바울은 게바와 그리스도를 제외하고 오직 아볼로만 언급한다. 특히 3장 4절에서 "어떤 이는 말하되 나는 바울에게라 하고 다른 이는 나는 아볼로에게라 하니 너희가 육의 사람이 아니리요"라며 교회의 파당과 분열이 아볼로로 인한 것임을 분명히 밝힌다. 아볼로는 누구이기에 고린도교회에 이렇게 큰 파문을 일으키며 바울을 힘들게 하는 것일까? 그는 어떤 사람인가?

아볼로는 아폴로니오스(Ἀπολλώνιος)라는 헬라식 이름으로, 빛과 음악, 의술의 신으로 알려진 '아폴로에게 속한 사람, 그에게 축복을 받은 사람'이라는 뜻이다. 고린도전서의 아볼로가 누구인지 알려면 초기 기독교회의 역사를 서술한 누가의 사도행전을 먼저 찾아볼 필요가 있다. 누가는 이 세상에서 펼쳐지는 하나님의 구원사라는 관점에서 교회의 역사, 즉 사도행전을 쓴다. 사도행전은 그 선교의 방향이 당시 세계의 중심인 로마를 향하는 로마 지향성과 여러 사도 중에서 특히 바울에게 집중하는 바울 중심성이라는 특징이 있지만, 그 속에서 최초의 교회가 어떻게 설립되었고, 복음이 어떻게 로마에 전파되었는지를 증언한다. 그리고 그 구원 역사의 무대에 등장하고 퇴장하는 수많은 인물을 망라한다.

아볼로는 사도행전 18장 24절에 처음 등장한다. 사도행전은 그가 당시 에베소에 체류 중이며 알렉산드리아(Alexandria) 출신이라는 정보를 제공한다. 여기서 고대 도시 알렉산드리아를 주목할 필요가 있다. 아볼로의 특성과 연결점이 있기 때문이다. 알렉산드리아는 알렉산더의 여성형 형태로, 기원전 331년 고대 그리스 제국의 군주 알렉산더가 세웠다. 알렉산드리아는 지중해와 나일강이 연결되는 전략적 위치에 자리하였으며, 헬레니즘 세계의 대표적 항구 도시이자 상업과 교역, 학문과 문화의 중심지였다. '아리스테아스의 편지'(The Letter of Aristeas)에 따르면, 이곳의 도서관은 히브리어 구약성경을 헬라어로 번역하여 보관하기도 했다. 이 도서관에서 이스라엘 열두 지파의 장로 여섯 명씩을 차출해서 번역한 성경이 그 유명한 '70인 역'(LXX, Septuaginta)이다.

그래서인지 걸출한 학자들이 알렉산드리아에서 많이 배출되었다. 필로(Philo of Alexandria), 클레멘스(Clement of Alexandria), 오리겐(Origen), 플로티노스(Plotinus) 등이 대표적이다. 누가가 아볼로를 사도행전의 무대에 등장시키면서 그가 알렉산드리아 출신이라고 언급한 것은 바로 그 도시에 대한 당시의 평판에서 이해해야 한다. 이 점은 누가가 이어서 "이 사람은 언변이 좋고 성경에 능통한 자라"(행 18:24)라고 아볼로를 묘사한 것과도 맥을 같이한다. '언변이 좋다'

라는 헬라어 '로기오스'(λόγιος)는 '로고스'(λόγος)에서 파생한 말로, 아주 박식한 달변가(達辯家)를 뜻한다. 더구나 아볼로는 성경을 파워풀하게 해석하고 전하는 자다. 아볼로는 필로만큼은 아닐지라도 말 잘하고 유식한 사람이다. 디아스포라 유대인으로 예수를 믿게 된, 실력을 겸비한 만만치 않은 인물이라는 것이다.

누가의 설명에 따르면, 아볼로는 일찍이 예수를 믿었고, 정확하게 예수를 가르치고 전할 수 있는 사람이었다. 그러나 그가 어떻게 기독교에 대해 알게 되었고 어떻게 신자가 되었는지는 알 수 없다. 어쩌면 그는 독립적이고 자유로운 프리랜서 순회 선교사였을지도 모른다. 그러나 설령 그런 프리랜서 순회 선교사였다 하더라도 요한의 세례밖에 알지 못했다면 더 많은 것을 배워야 할 필요가 있고, 이는 초기 기독교회에서 매우 중요한 일이었다. 왜냐하면 그의 출신 도시 알렉산드리아는 이원론적 영지주의 성향이 강한 지역이었고, 그가 활동하던 에베소는 여러 이단이 출몰한 지역이기 때문이다(딤전 1:3-11).

 주 안에서 하나 된 동역자

고린도를 떠나 에베소에 있던 바울의 동역자 브리스가와 아굴라는 아볼로가 회당에서 담대하게 기독교의 도를 전할 때, 즉시 그가 믿음에 대한 이해가 부족함을 발견했다. 그들은 그를 개인

적으로 데려다가 더 정확히 이해하도록 도왔다(행 18:26). 이로써 아볼로가 바울의 교리 안에서 가르침을 받았으며, 바울의 기독교 사상과 궤를 같이하고 있다는 것을 짐작할 수 있다. 그의 새로운 변화는 에베소에 있는 그리스도인들이 그를 온전히 신뢰하게 했고, 그들은 그가 고린도 지역으로 사역지를 옮길 때 그를 격려하며 추천 편지를 써 주기까지 했다(행 18:27).

고린도에 도착한 아볼로는 자신의 능력과 재능을 유감없이 발휘하며 바울이 개척한 교회에서 사역을 시작한다(고전 3:6). 성경에 대한 박식함은 예수가 메시아이심을 논증할 수 있었고, 이런 탁월한 능력으로 그는 효과적인 복음 전도자와 목회자로 고린도교회에 확실히 자리매김할 수 있었을 것이다. 정말 그의 목회는 성공적이었다. 그런데 어쩌다가 고린도교회는 분열로 치닫고, 그 분열의 중심에 아볼로라는 이름이 오명(汚名)으로 자리한 것일까? 그 원인은 아볼로 자신에게 있었던 것인가, 아니면 고린도교회 성도들에게 있었던 것인가?

아볼로는 고린도에서의 성공적인 목회 후 바울이 고린도전서를 쓸 무렵 다시 에베소로 돌아왔다(고전 16:12). 만일 그렇다면 바울은 고린도교회에 편지를 쓸 때, 자신이 개척한 교회를 이어서 목회한 아볼로를 공동 발신자로 하거나, 적어도 바울의 다른 편지처럼 "아볼로가 교회의 안부를 묻는다"라는 정도의 표현을 써야 마땅하다. 그런데 바울은 그렇게 하지 않는다. 그렇다. 사실 아볼로는 프리랜서 순회 선교사로 어디에도 소속된 것으로 보이지 않는다. 디모데나

실라 또는 바울과 함께 사역하는 그 어떤 전도자와도 결이 다르다.

물론 바울은 고린도교회의 분열 문제에 아볼로가 어느 정도 관련되어 있다고 생각했기 때문에 에베소에 체류하는 아볼로에게 다시 고린도로 돌아가서 문제를 해결하고 봉합해 달라고 여러 차례 간청한다(고전 16:12). 그러나 아볼로는 이에 응하지 않는다. 아볼로는 왜 바울의 간청을 거절했을까? 바울과 아볼로가 함께 에베소에 있을 때 고린도교회에 관해 어떤 대화를 나누었는지 정확히 알 수는 없지만, 그 둘이 경쟁 구도에 있었다고 보이지는 않는다. 오히려 아볼로는 바울에 대한 존경에서, 말하자면 아볼로에게 지나치게 몰입하는 추종자들 때문에 그가 다시 고린도로 돌아간다면 고린도교회 성도가 그의 속내를 의심할 수도 있다고 생각했을 수 있다. 그렇다. 그는 바울을 배려한 것이다.

바울의 이런 태도를 통해서 경쟁 관계에 있는 리더십은 무엇을 배울 수 있을까? 문제와 갈등의 핵심에 있는 사람이 의심될 때 우리는 어떤 마음을 가져야 할까? 바울은 고린도전서 어디에서도 아볼로를 비난하거나 교회 분열의 책임을 그에게 떠넘기지 않는다. 다만 그는 아볼로와 자신이 그리스도의 일꾼이요, 하나님의 비밀을 맡은 자라고 말한다(고전 4:1). 이어서 "형제들아 내가 너희를 위하여 이 일에 나와 아볼로를 들어서 본을 보였으니 … 우리에게서 배워 서로 대적하여 교만한 마음을 가지지 말게 하려 함이라"(고전 4:6)라며 아볼로를 모범으로 전면에 내세운다. 그리고 오히려 자신은 심었고 아볼로는 물을 주었을 뿐이라고 담담히 말한다(고전 3:6). 그들은 서로 견제하는 경쟁적 리더십이 아니라 모두 주를 위해서 충성한 신실한 종이며, 주 안에서 동역자다(爲主忠誠 主內同役).

1. 아볼로는 알렉산드리아라는 학문적 배경을 가진 실력자였습니다. 세상적인 실력과 배경이 복음을 위하여 쓰임 받을 때 나타나는 장점은 무엇이며, 그로 인해 파생될 수 있는 어려움이 있다면 무엇일까요?

2. 자신도 모르게 공동체 안에서 당을 짓고 경쟁하며 특정 리더를 신격화하거나 비교하고 있는 것은 아닌지 돌아보며, 하나님이 아닌 사람이 중심이 될 때 나타날 수 있는 여러 가지 부작용에 대해 나누어 보세요.

24. 회개의 가르침을 받은 니골라와 니골라당

μετάνοια(메타노이아, 회개)

 ## 이단의 유래

모든 일에는 빛과 그림자가 있다. 아쉽지만 기독교의 역사도 예외는 아니다. 한편으로는 복음이 땅끝까지 전파되는 빛의 역사지만, 다른 한편으로는 복음과 복음의 한가운데 있는 예수 그리스도를 제대로 이해하지 못한 기독교 이단의 발아(發芽)라는 어두운 그림자가 드리워진 역사가 병행한다. 말하자면 정통과 이단이 공존한 역사다. 기독교 역사에 등장하는 공의회(公議會, Ecumenical Councils)라는 이름의 수많은 교회의 회의는 결국 이단 정죄의 역사이기도 하다.

사실 '이단'(異端)이라는 말은 글자 그대로 갈래가 다르다는 뜻이다. 말 자체로는 어떤 부정적인 의미가 없는, 중립적 표현이다. 이단에 해당하는 고대 그리스어는 '하이레시스'(αἵρεσις)다. 하이레시스는 '하이레오'(αἱρέω)라는 동사에서 온 명사 형태다. 하이레오에는 '취하다, 선택하다, 잡다'라는 기본적인 뜻이 있고, 이 동사가 '하이레시스'라는 명사로 변하면 '선택, 목적, 체계, 사고와 행동의 방향, 학파'라는 개념으로 확장된다. 이 하이레시스라는 고대 그리스어로부터 영어에서 이단을 뜻하는 '헤러시'(heresy)라는 단어가 나왔다.

다시 말하면, 고대 그리스에서 이단이라는 말은 당대에 출현한 새로운 철학 사조와 그 학파를 일컫는 용어다. 소수의 색다른 철학적, 학문적 일파(一派)가 생겼을 때 지칭하는 말이다. 이런 점은 동양에서도 어느 정도 마찬가지다. 동양에서 사용하는 이단이라는 말의 유래를 찾으면 공자(孔子)에게로 소급된다. 공자는 《논어》(論語)의 위정(爲政) 16에서 '공호이단 사해야이'(攻乎異端 斯害也已)라고 말한다. 여기서 공자가 말했다는 이단이라는 말도 현재 우리가 사용하는 의미와 조금 다르다. 공자가 사용한 이단이라는 말의 의미는 '출발점, 방향이 다르다, 끝이 다르다'라는 뜻이다. 즉 근본에서, 출발에서 멀어졌다는 뜻이다. 그래서 흔히 끝이 다르다는 말로 잘 알려져 있다.

하지만 이 용어가 기독교에서 사용되면 애초의 의미와 큰 차이가 있다. 기독교에서는 이단이 단지 새로운, 독특한 소수 의견(Minor Agreement)이 아니다. 그것은 진리에서 벗어난 잘못된 교훈과 가르침을 말한다. 믿음을 저버리게 하고 하나님과의 관계가 단절되는 길로 이끄는 비진리를 의미한다. 이런 생각은 신약성경, 특히 바울의 후기 서신으로 분류되는 목회 서신에 잘 나타나 있다. 바울은 디모데전서에 이단과 관련한 사상을 일련의 음행하는 자와 남색하는 자와 인신매매하는 자와 거짓말하는 자와 거짓 맹세하는 자와 같다고 말한 후 이것을 건강하지 않은 가르침, 다른 교훈이라고 말한다(딤전 1:3, 10, 6:3 참조). 즉 기독교 이단이란 믿음에서 돌아서게 하고 믿음을 무너뜨리는 귀신의 가르침이다(딤전 4:1; 딤후 2:18).

 ## 니골라당의 출현

이렇게 볼 때 기독교 이단은 기독교 안에서 자란 독버섯 같으며, 그것도 아주 이른 시기부터 마치 알곡과 가라지가 함께 자라는 밭의 비유처럼(마 13:24-30) 함께 시작되어 오늘에 이른 것이다. 신약성경 안에도 이런 이단을 콕 집어서 보여 주는 데가 있는데, 요한계시록에 두 번에 걸쳐서 나오는 '니골라당'(Νικολαΐτης, 니콜라이테스)이 그것이다(계 2:6, 15). 요한계시록에서 니골라당은 계시받은 요한이 당시 1세기 소아시아에 분포한 에베소, 서머나, 버가모, 두아디라, 사데, 빌라델비아 그리고 라오디게아 등 일곱 교회에 보낸 편지 중에서 등장한다(계 2-3장).

니골라당/파에 대한 경고와 경계가 들어 있는 요한의 편지는 에베소교회와 버가모교회에 보내어진 것이다. 에베소교회에 보낸 편지에는 "오직 네게 이것이 있으니 네가 니골라당의 행위를 미워하는도다 나도 이것을 미워하노라"(계 2:6)라고 했고, 버가모교회에 보낸 편지에는 "이와 같이 네게도 니골라당의 교훈을 지키는 자들이 있도다"(계 2:15)라고 했다. 이 두 편지로 볼 때 소아시아 교회를 위협

하는 요소로 니골라당이라는 이단이 그 배경에 있음이 분명하다. 그렇다면 니골라당은 무엇인가?

초기 기독교에 출몰한 이단을 분류하고 경고하던 리옹의 교부 이레니우스(Irenaeus of Lyon)는 그의 저서 《이단을 반대하며》(Adversus Haereses)에서, 요한계시록 2장 6절과 15절에 나오는 이단 니골라당은 성적 방종과 우상 숭배를 정당화한 일당(一黨)이라고 설명한다. 이들의 가르침은 신자들을 무절제한 삶에 동조하게 하고 음란과 부도덕에 빠지게 하는 위험과 유혹이 있다고 경고한다. 이 책에서 이레니우스는 이 당의 이름을 니골라당이라고 부르는 것에 대해 사도행전 6장에 나오는 니골라에서 유래했기 때문이라고 말한다.

사도행전 6장의 시작은 초기 기독교의 분열과 갈등이 노출된 안타까운 사연을 소개하는 부분이다. 초기 기독교회는 상부상조(相扶相助)하는 디아코니아 공동체였다. 사도행전은 초기 기독교 공동체의 이런 모습을 특히 2장의 결미와 6장의 서두에서 보여 준다. 그러나 아쉽게도 사도행전 6장에서는 이 상부상조의 이면에 있는 갈등을 드러낸다. 당시 헬라파 과부들에게는 디아코니아가 제대로 공궤(供饋)되지 않았다. 초기 기독교회는 크게 히브리파 그리스도인과 이방인과 디아스포라를 포함하는 헬라파 그리스도인으로 구성되어 있었다. 그런데 배급을 맡은 히브리파 그리스도인들이 헬라파 과부들을 홀대하거나 소홀히 하는 일이 벌어졌던 것 같다. 헬라파 과부들은 그 섭섭함을 토로했다(행 6:1).

이때 열두 사도를 중심으로 이루어진 지도부는 즉시 성령과 지혜가 충만하고 칭찬받는 7인을 선택하여 그 일을 맡기고, 사도들은 오직 기도하고 말씀 전하는 일에만 전념하기로 한다(행 6:2-4). 이때 선발된 7인에 스데반을 필두로 제일 마지막에 니골라가 이름을 올린다. 이들은 모두 헬라파 출신이다. 그런데 제일 마지막에 거론된 니골라에게는 특이한 수식어가 붙어 있다.

"유대교에 입교했던 안디옥 사람 니골라"(행 6:5).

'유대교에 입교했던'을 뜻하는 헬라어 원문은 '프로셀루토스' (προσήλυτος)다. 글자 그대로는 '신 입교자, 새 신자'다. 그런데 우리말 성경을 비롯한 대다수 번역 성경은 이 용어가 사용된 역사적 배경을 추정하여 더 잘 이해될 수 있는 '유대교에 입교했던'이라는 말로 의역한다.

 니골라, 빛과 어둠이 교차하는 이름

당시 프로셀루토스라는 말은 글자 그대로는 신 입교자, 새 신자이지만, 유대교에서는 이방인으로 있다가 유대교로 개종한 사람을 부를 때 사용했고, 초기 기독교회에서는 유대교에 있다가 기독교로 개종한 사람을 부를 때 사용했다. 이런 용례에 비추어 볼 때 니골라는 종교적 열심과 호기심이 많은 인물로 추정할 수 있다. 더

군다나 사도행전의 저자는 이 니골라에 대해서 그의 종교적 배경뿐 아니라, 그의 출신까지도 거론하며 니골라에 대한 설명에 공을 들인다. 그러면서 그가 안디옥 출신이라는 것을 추가한다. 왜일까?

이렇게 공을 들이며 소개한 니골라(Νικόλαος, 니콜라우스)는 승리라는 말인 '니케'(νίκη)와 백성, 국민을 뜻하는 '라오스'(λαός)가 결합된 참 좋은 이름이다. 말 그대로 '백성의 승리, 국민의 승리, 그 승리를 이끈 지도자'라는 뜻이다. 이런 좋은 뜻이 담긴 이름은 당시나 지금이나 마다할 필요가 없다. 당연히 부모들이 좋아할 이름이다. 당시 헬라 세계에 아주 편만한 이름이었다. 디아스포라 유대인들도 자녀에게 이 이름을 많이 지어 주었다. 그런데 이 좋은 이름은 아쉽게도 초기 기독교 이단인 니골라당과 미묘한 연관성이 있어 보인다.

같은 맥락에서 니골라라는 이름에 명암이 있다. 앞서 언급한 교부 전승에 따르면, 니골라는 특히 율법 폐기론자(Antinomisten)와 연관이 있다고 본다. 이런 의심은 종종 헬라파 유대인에게 덧씌워지곤 했고, 바울도 예외는 아니었다. 소위 '이신칭의'의 복음은 율법을 통해서가 아니라 믿음을 통한 구원을 말하기 때문이다. 행위보다는 믿음을 강조한다. 니골라는 사도행전 6장의 소개에서 알 수 있듯이 헬라파 그리스도인 지도자다. 더구나 그는 헬라파 유대인의 본고장인 안디옥 출신이다. 이 모든 연관성 속에서 교부들은 요한계시록 2장에 두 번이나 언급되는 니골라당이 사도행전 6장의 니골라와 모종(某種)의 관계가 있다고 본 것이다.

니골라라는 이름과 결부된 이런 의심은 아직 정확히 밝혀진 것은 아니다. 다만 그가 맨 처음에는 이방인으로, 이어서 개종한 유대인으로, 또다시 개종한 그리스도인으로 변화한 독특한 이력을 가졌다고 알고 있다. 그런데 그는 거기에서 그친 것이 아니라 헬라파 그리스도인의 지도자까지 되었다. 정말 무엇인가 의심의 먹구름이 뭉게뭉게 올라오고 왠지 그 틈을 메워야 하는 상상력을 동원하게 한다. 어쨌든 그의 종교적 열정과 호기심만은 인정해야 할 것이다. 하지만 이런 현상 역시 성경의 동명이인에 대한 가장 쉬운 오해의 하나로 볼 가능성도 전혀 배제할 수는 없다. 니골라, 니콜라우스, 국민의 승리! 국민을 승리로 이끈 지도자라니, 얼마나 좋은 이름인가. 이 니골라에게 다른 면은 없는 것일까?

니골라를 변호하는 여러 시도 중에서 가장 그럴듯한 것은 요한계시록에 등장하는 이단, 니골라당의 이름이 사도행전에 나오는 7인의 봉사자 이름이 아니라, '먹자'라는 아람어 '니골라'(הולכן, 니콜라)에서 왔다는 것이다. 이름하여 '먹자당'이다. 요한계시록 2장 14절에 보면 "발람이 발락을 가르쳐 이스라엘 자손 앞에 걸림돌을 놓아 우상의 제물을 먹게 하였고 또 행음하게 하였느니라"라는 구절이 나온다. 이 구절은 버가모에 유입된 니골라당의 가르침을 시사한다. 니골라당의 가르침이 발람의 가르침과 같다는 것이다. 우상의 제물까지도 스스럼없이 먹는다는 이 '먹자당'은 영(靈)이 고양되면, 믿음이 있으면 육체는 무엇을 행하든 상관없다는 영지주의(Gnosis) 이단과도 궤를 같이하는 것처럼 보인다. 영은 신성하고 거룩하고 고귀하지만, 육체는 낮고 천하고 소멸하며 하찮은 것이라는 극단적

이원론적 사고다.

　니골라, 니콜라우스라는 이름에는 이렇게 빛과 어둠이 교차한다. 그의 이름은 초기 기독교의 봉사자 7인에 이름을 올리기도 하고, 소아시아에 전염병처럼 퍼지는 이단의 대명사가 되기도 한다. 신앙의 길이 그렇다. 그 밝음과 어두움을 제대로 분간하지 못한다면 자기도 모르는 사이 순식간에 깊은 어둠에 빠져 버리고 만다. 한국의 이단 계보와 그 역사도 그렇다. 이단의 지도자들은 거의 대개가 건전한 가르침을 따랐던 믿음의 식구들이 아니었는가? 그러나 영적 교만은 한순간에 이단의 우두머리가 되게 하고 이단에 빠지게 한다. 이러한 영적 교만과 유혹은 어찌 보면 늘 우리의 곁에 있는 것이 아닌가? 거룩한 니콜라우스(Santa Claus, 산타클로스)가 이단의 괴수, 니골라당이 되기도 한다. 그러니 우리는 오로지 진리의 빛을 붙들고 살 뿐이다. 진리이신 예수 그리스도만이 우리의 빛이시다(Veritas et lux nostra).